mdv

WIE DER WIND HIER WEHT

Jugendalltag in der Großstadt

hrsg. von
Spielwagen e.V. Magdeburg

mdv Mitteldeutscher Verlag

Die Deutsche Bibliothek – CIP –
„Wie der Wind hier weht" : Jugendalltag in der Großstadt / hrsg. von Spielwagen e.V.,
Magdeburg. – 1. Aufl.. – Halle (Saale) : mdv, Mitteldt. Verl., 2002

ISBN 3-89812-146-1

Texte, Interviews und Fotos von und mit Magdeburger Jugendlichen
Ein Projekt des Spielwagen e.V. Magdeburg

Projektleitung: Liane Kanter
Interviews: Michael Koliska, Sonja Steinke
Fotos: Nicole Pamperin, Jana Strippentow, Peter Tanner

Spielwagen e.V.
Düppler Mühlenstraße 25
39130 Magdeburg
Tel. & Fax: 0391/5978550
www.spielwagen-magdeburg.de
spielwagen@aol.com

2002
© mdv Mitteldeutscher Verlag GmbH, Halle (Saale)
Printed in Germany

Inhaltsverzeichnis

Vorwort

Junge Menschen aus Magdeburg erzählen in Wort und Bild über ihr Leben. Sie sind keine Schriftsteller oder Fotografen und vielfach durchaus ungeübt im Reflektieren, Beschreiben und Formulieren. Sie sind zwischen 15 und 21 Jahren alt und SchülerInnen, Auszubildende, Arbeitslose, Arbeitsuchende, StudentInnen, VerkäuferInnen, Köche, Kellner, Altenpfleger, Umwelttechniker …

Es verbindet sie der Kontakt zu den sozialpädagogischen Angeboten des Spielwagen e.V. und ihr Mut sich auf Neues und Ungewohntes einzulassen. Den Jugendlichen einen Zuwachs an Erlebnissen und Erfahrungen zu ermöglichen sei somit als erste und wichtigste Absicht des Projekts benannt. Die Wahrnehmung und Betrachtung der eigenen Lebenssituation spielt bei der Entwicklung der psychosozialen Identität im Jugendalter eine entscheidende Rolle und ist unabdingbare Voraussetzung für die bewusste Gestaltung eines eigenen, unverwechselbaren Lebenswegs. Im Projektverlauf sind die jungen Menschen also absichtsvoll in einen Prozess der Auseinandersetzung mit sich selbst, mit Gleichaltrigen, mit dem natürlichen, sozialen und städtischen Umfeld verwickelt worden.

So erzählen sie von alltäglichen Freuden und Mühseligkeiten, konstatieren vergangene und gegenwärtige Schwierigkeiten und Entwicklungen, blicken mit Realismus, Idealismus und Weitblick in die Zukunft, beschäftigen sich schwermütig, doch nicht mutlos mit unerklärlichen Erscheinungen und problematischen Fragen der kleinen und großen Welt. Sie zeigen beispielhaft, von welchen realen gesellschaftlichen und sozialen Verhältnissen ihr Leben durchdrungen ist – welcher Art sozusagen der Wind ist, der ihnen um die Nase weht.

Ein kurzer Blick sei gestattet auf diesen Wind, nämlich die Sozialisationsbedingungen dieser jungen Menschen. Aufgewachsen ist die Mehrzahl der ProjektteilnehmerInnen in Magdeburg Neu-Olvenstedt, dem bundesweit durch negative Schlagzeilen bekannten Plattenbauviertel am westlichen Rand der sachsen-anhaltinischen Landeshauptstadt. Nachdem sich seit einigen Jahren zahlreiche Erwachsene professionell mit dem Leben in diesen Siedlungen aus städtebaulicher, architektonischer, kultureller, demographischer, sozialer Sicht beschäftigt haben, sei in diesem Projekt den jungen Menschen das Wort gegeben. Häufig wird in Politik, Verwaltung, Medien, an Familien- und Stammtischen über die heranwachsende Generation gesprochen, nicht mit ihr. Schnell ist ein Urteil gebildet, ein Bild zurechtgebaut und es wird über sie, für sie, gegen sie entschieden, nicht mit ihnen.

Was wenig verwunderlich ist in einem langsam aber sicher überalternden Gesellschaftsverband, in dem junge Menschen zunehmend zu einer Minderheit werden, schwer zu erfassen und schwierig zu beschreiben. Wie es sich wirklich anfühlt, heute jung zu sein, kann von den Erwachsenen kaum einer mehr ermessen.

So sei als zweite Absicht des Projekts genannt: Stimmungen, Meinungen, Lebensgefühl und Lebensplänen junger Menschen zu einer Form öffentlichen Ausdrucks zu verhelfen. Die Texte sind weitestgehend so belassen, wie sie von den Jugendlichen verfasst oder in das Mikrofon gesprochen worden sind. Nur im mündlichen Sprachgebrauch verwendete Worte oder Wortfetzen (Ähh, Hmm, na ja, o.ä.) und unvollendete Sätze sind zum Zwecke der besseren Lesbarkeit umgearbeitet bzw. weggelassen worden, wobei die Aussage unbeschadet blieb.

Der erwachsene Leser mag manche Überraschung erleben, manche Meinung bestätigt bekommen und manch neue Erkenntnis für sich verbuchen können. Und sich vielleicht der Frage annähern können, wie schön und wie schwierig es ist, heute jung zu sein.

Liane Kanter, Januar 2002

Buchtitel

Betrachtung von Franziska J.

Wir brauchen einen! Doch das ist nicht so einfach, wie du denkst. Letzten Endes muss er das Buch charakterisieren, aussagen, was drin steht. Aber so, dass es interessant wirkt. Nicht wie ein 08/15-Schmalspurroman von einem liebestollen Autor, der sein Buch „Liebe auf ewig!" nennt. Es muss etwas Tolles sein, etwas, was anregt, mit Charme und was irgendwie auch … cool klingt. Kuck mal: z. B. jemand nennt sein Buch „Die schönsten Märchen", dann nennt der, der es zusammengetragen, zusammengefasst oder es geschrieben hat, es nicht umsonst „Die schönsten Märchen". Verstehst du? Genau dasselbe, wenn es um einen Fensterputzer geht, dann nennt der Autor das Buch bestimmt auch „Der Fensterputzer" und nicht „Die Marmelade"!!! So meine ich das. Denn irgendwie hat der Buchtitel immer was mit dem Inhalt des Buches zu tun. Logischerweise

So und nun versuch mal einen Titel für ein Buch, wo alles Mögliche drin ist, zu finden. Du denkst jetzt bestimmt, das ist einfach! Sorry! Tut mir leid, denn das ist alles andere als leicht! Entweder: zu kurz, zu lang, zu simpel, nicht zutreffend, nicht ansprechend, niveaulos, charakterisiert es nicht – oder es fällt einem erst gar kein Titel ein. Alles solche Faktoren spielen da eine Rolle. Vielleicht schwirren dir gerade ein paar Einfälle durch dein Köpfchen, ich weiß es nicht, es sind bestimmt auch gute dabei und deswegen wünschte ich mir, du wärst jetzt bei mir. Aber ich schreib ja nicht alleine an dem Buch! Ich denke, hoffe, wünsche und bete, dass, wenn du das gerade liest, ein guter Buchtitel dich dazu animiert hat, das Büchlein zu lesen.

Gegenwartserleben & Zukunftsaussichten

Ich habe
Angst vor Gier
und Egoisten
die nach Macht
streben Angst dass
sich die breite
Mehrheit von
Konsum und
Zeit-Kultur
manipulieren lässt

Matthias

ups, zu spät

ups, zu spät

Wie der Wind hier weht ...

Patrick S.

Ich fange jetzt mal an und frage nicht, kommt der Sch... an.
Weiß auch nicht, wie es *weitergeht*, zeig nur, wie der Wind *hier weht*.
Hallöchen! Patrick Schmidt *mein Name*, lesen sie geduldig mein Herr und
meine Dame,
So vieles ist ja doch *Banane* und die meisten wollen nur *erste Sahne*.
Kacken ab, wenn sie nicht die Besten sind oder das Beste *kriegen*,
hauen ab und verstecken sich, wie vor dem Insektizid die *Fliegen*.
Soviel schrecklich Reales wird von ihnen vermieden, haben Angst
sich damit zu *beschäftigen* und der Realität *zu erliegen*,
jeder einzelne tut was *verpestigen* und wenige davon denken drüber *nach*.
Liegt erst alles *brach*, ist die Unfähigkeit des Menschen *bewiesen*. Bis da
hin wird keiner
aufstehen und die Masse *bilden*, Schadstoffe en masse wird es *rieseln* und
die Letzten des Hungers wegen ihre Jüngsten *tilgen*.
Spinner sagen, glücklicherweise leben wir in *Mitteleuropa*, aber was wird,
wird die Erde zu *Eutrophia*, so wie der See eutrophiert und *umkippt*,
bis jeder Kreislauf zusammenbricht oder *ausflippt*?
So wie die ganzen *Psychopaten* die überall und in Olvenstedt *abspaten*,
auch die ganzen netten *Leute* sind leider ein Teil der *Untergangsbeute*.
In diesem Ort ist eigentlich fast alles *trist*, doch ändert sich alles mit der
Ansicht.
Nimmst du alles so hin, bleibt alles wie es *ist*, nämlich ganz großer *Mist*.
Und hast du vielleicht *Schiss*, mach, dass du dich *verpisst*.
Sieh die Dinge *positiv*, denn das ist logischerweise besser als *negativ*.
In unser Viertel hamse viel Geld *reingesteckt*, halt zu viel Scheiße in den
Medien,
unter anderem *„Punk niedergestreckt"*, denn hier ist die Unsaat groß
gediehen und
ich freu' mich, ist der letze Fascho *verreckt*.
Die gibt's hier noch viel zu *viel*, richtig krass dämliche *Leute*,
fanatisch mit nur einem *Ziel*, denn Hass ist ihre lustvollste *Beute*.
Verstecken sich vor ihren echten und intimsten *Gefühlen*
und versuchen Kummer und Sorgen mit Alk *wegzuspülen*
Aber was soll's, es gibt ja noch *die Prolls* und die Masse Mensch *hier*,
hässlicher als das *Hyänentier*.
Gehen alle in Richtung des *Kapitalismus*, doch wir brauchen so was *nicht*.
Los, entgegen dem *Kaufgenuss*, wichtig ist nur das ökologische *Gleichgewicht*.

Doch Schuld sind die *Regierenden* und die ganzen *viel zu viel Verdienenden*.
Bauen nur auf Kohle *machen*, die heranwachsende Jugend wird zum *Drachen*,
werden geschult sich *anzustacheln*, können wir unsern Kindern diesen
Planeten *vermachen*?
Lieber nicht, da werd ich besser *keine machen*.
Die meisten wissen nicht von den *Faktoren*, die uns auf die Welt *gehoben*.
Der Wind hat sich stark gegen uns *gedreht* und niemand mehr, der ohne
Krebs geht.
Will ja niemand *hoffen*, aber mir ist es scheißegal, ich geh am liebsten
Coffeshoppen
und bei uns ist's auch bald *legal*.
Wir nutzen eine Pflanze der Natur, denkt alle nicht so *schmal*.
Ich gebe mir den Rausch ohne *Blessur*, alles andere wäre *fatal*.
Klar ist damit irgendwann *Schluss*, aber bis dahin geht's ab mit *Genuss*.
Scheiß auf *Drogen* sagen die Leute, sie haben anscheinend schon jeden
betrogen.
Bis heute gibt es den Rausch der die ganze *Meute lahmlegt*, aber wozu hat
die Natur sie *sonst angelegt*, diese Stoffe mit verzückenden *Wirkungen*, schaffen neue *Bindungen* und geben *Erkundungen*.
Die Sache entwickelt sich *ganz ungezwungen*, doch kam der Staat *daher* und
sind die Taschen halt *leer* muss Konzernismus *her*. Dann werden
pflanzliche Heilmittel *verboten*
und Pharmakonzerne hingestellt als *Vorboten*, weil somit viel Kohle *kommt*
und der Verbraucher wird mit Chemie *zugebommt*.
Viele labern zu viel *Stuss* und zeigen falsche Wege *auf*,
die man gehen *muss* und ist egal, gehst du bei *drauf*.
Zeigen dir nur eine *Richtung*, die du gehen kannst,
führen vorbei an der *Lichtung*, weil sie sich auch verrannt.
Da sich ansonsten hier nicht viel *bewegt*, ist ein Drittel der Wohnungen
hier *leergefegt*.
Der Nachwendesturm hat sich *gelegt* und die Anleger wissen, dass hier
kaum was *geht*.
Sie sind nach *drüben* um einen Beruf *auszuüben*.
Aber oh mein Gott, die Wirtschaft fällt in eine *Rezession*, meinetwegen geht
es bis zur verdammten *Depression*, denn ich scheiß auf die zerstörerische
Expansion.
Nach der Wende wurden die Betriebe *platt gemacht*, früher wurden da
von alle *satt gemacht*.
Die BRD verpasste uns eine *Tracht* und die DDR-Naivität wurde *ausgenutzt*.
Wir wurden dem System beigefügt, mit aller Macht.

Wer weiß, zu was wir uns *rausgeputzt*, hätten wir unser eigenes Ding *gemacht*.
Genauso wie der Rest des *Ostblockes*, bezwungen, reformiert und *ausgelacht*.
Festgehalten mit der Spitze eines *Pflockes* und nur mehr als ein paar Leute
schockt es.
Man hat sich überrollen *lassen* von der bunten Welt und dem „goldenen
Westen" in *Massen*.
Alle baten, uns an die Hand zu *fassen*, um uns ihr Scheiß-System zu
verpassen und
den Nachholbedarf der Leute zu *wecken* und zu *decken*.
Sie alle taten sich die Finger wie Sau *lecken*.
Bei der von ihnen geschaffenen *Wirtschaftsarmut*, berechneten von
vornherein,
es wird gut.

Im Moment ist mir am wichtigsten, dass wir Frieden haben und ich meine Ausbildung beende, mit einem positiven Ergebnis.

Patrick S.

Im Moment ist mir am wichtigsten meine Wohnung endlich fertig zu bekommen und endlich mal den Ofen anzumachen und in Ruhe ein Glas Wein zu trinken und ein schönes Buch zu lesen und dass alles so eingerichtet ist, wie ich es will.

Cindy S.

Was heute passiert,
ist mir wichtiger als die Zukunft, weil ...

... ich die Zukunft nicht voraussehen kann.
Steve

... ich jetzt lebe und morgen schon tot sein kann.
Vielleicht stürzt das Gebäude ein.
Patrick

... egal wie man die Zukunft plant, es wird sowieso nicht alles so
ablaufen, wie man es sich vielleicht wünscht.
Bianca

... ich zur Zeit noch jung bin und meine Freiheit noch frei
gestalten kann. Ich kann noch viele Sachen machen.
Wer weiß, ob man nicht schon bald tot ist.
Aileen

... wenn ich den Augenblick nicht schätzen und genießen kann,
verpasse ich mein halbes Leben.
Anonym

... ich nur im Jetzt leben und handeln kann.
Das Planen der Zukunft kostet den Moment.
Matthias

Ich bleibe gelassen, denn die Zukunft wird so wie man sie gestaltet,
und ich versuche sie einigermaßen rosig zu gestalten.
Andrino

Der Tod

Franziska J.

Die meisten Zeitschriften, Zeitungen usw. schreiben nur über Standardthemen. Es wird nur über Drogen, Liebe, Sex, Zärtlichkeit geschrieben. Ist dir das schon aufgefallen? Mir ja, und ich finde es wird langsam langweilig, klar sind sie interessant und aufklärend, aber immer ist es dasselbe!
Es schreibt kaum jemand über den Tod.
Vielleicht nehmen sie ihn als zu selbstverständlich, aber ist er das, sind der Tod und das Leben so selbstverständlich! Ich glaub nicht, denn wenn jemand stirbt, tut das sehr weh, er hinterlässt meist eine große Lücke. Die Verwandten und Freunde können oder wollen auch in vielen Fällen nicht wahrhaben, dass diese Person auf einmal nicht mehr da ist. Es ist sogar egal, ob sie wussten, dass der Mensch in naher Zukunft oder aus heiterem Himmel stirbt.
Egal wie, egal wann – es ist immer schmerzhaft. Es gibt keine Person, die den Tod verdient hat, wenn sie aber eines anderen Menschen Leben auf dem Gewissen hat und das ohne Grund, so würde auch ich Selbstjustiz anlegen.
Ich glaube, da würdest du mir Recht geben.
Es gibt aber auch Menschen die meinen, sie brauchen ihr Leben nicht mehr, weil sie meinen, nichts mehr zu haben – Freunde, Familie usw. und deswegen daran denken sich umzubringen. Liebe, viele machen und wollen es aus Liebe tun.
Die Person, die sie lieben, hat sie verlassen. Das ist der häufigste Grund!
Die Personen, die so was machen, sind für mich Feiglinge, denn es geht immer und irgendwie weiter. Nun gut, das Leben ist beschissen, wenn man nichts daraus macht. Vielleicht denkst du gerade: „Die hat doch keine Ahnung!" Und ob, es ist einfach so, ich kann dir nicht sagen warum, aber man fühlt sich besser, wenn man auch mal das Positive in seinem Leben betrachtet. Aber letzten Endes hat jeder seine eigene Weise damit klarzukommen oder nicht, manche malen auf, was sie bedrückt, einige schreiben es auf, andere erzählen es einem und manche behalten es für sich! Die, die alles für sich behalten, versuchen ihr Problem mit Alkohol oder anderen Drogen wegzumachen und zu vergessen.
Das geht eine Zeit lang gut, doch früher oder später geht es nicht mehr!!! Es muss raus!!! Man fängt an, sich die Arme aufzuschlitzen oder gleich die Pulsadern und warum? Weil man den Druck von allen Seiten nicht mehr aushält.
Das ist ein Teil der großen und ganzen Wahrheit.
Genieße einfach alles was du tust, zieh dich nicht zurück wie ein Feigling!!!
Sei du selbst, leb dein eigenes Leben und mach was du willst.
Ach ja, es ist egal, was die anderen sagen !
Das Leben ist schön!!!

Politik bedeutet für mich ...

Politik interessiert mich auf eine Art schon,
wenn sie vernünftig geführt wird.
Aber in der derzeitigen Situation kann ich
nicht gerade von Politikfreude sprechen.
Andrino

Politik wird nur gut geführt,
wenn sie sich keiner Geldmaschinerie unterwerfen muss.
Oder wenn sie nicht durch machtbesessene Schwächlinge
kaputtgemacht wird.
Patrick

... Entscheidung und Verantwortung.
Aber auch assoziiere ich damit Menschen, die es nicht vermögen,
dies mit Ausstrahlung, Kompetenz und Rückgrat auszuführen.
Anonym

... dass wenige Leute für die Gesamtheit entscheiden.
Die Parteien dienen in erster Linie dem Selbstzweck.
Primäres Interesse an Macht und Quoten.
Matthias

Ich interessiere mich nicht für die Politik.
Ich wüsste nicht warum.
Steve

Zur Zeit noch nicht so viel.
Ich interessiere mich zur Zeit noch für andere Dinge.
Aileen

Politik interessiert mich recht wenig.
Cindy

Ach, ich interessiere mich nicht so für Politik.
Vielleicht später, oder auch nicht.
Bianca

Leuten helfen auf Grund eigener Erfahrungen

Interview mit Marian H.

Michael: Bitte fang an von dir zu erzählen.

Marian: Ja, ich bin Marian H. Bin 21 Jahre. Komme aus Olvenstedt, wohne da seit 85. Hab in der Grundigschule meinen Realschulabschluss gemacht. Ab 94/95 war ich dann regelmäßig im Jugendtreff Mühle und da ging es richtig los wie so eine Art zweites Zuhause zu werden. Weil man ist halt am Wochenende abends nie weggegangen, man hatte halt immer die Mühle, die war halt immer bis um 11 auf oder bis um 10. Da brauchte man halt großartig nicht weggehen. Dann halt immer mit der Mühle in Urlaub gefahren, das hat auch ziemlich viel Spaß gemacht. Ja so ging es dann weiter. 96 war dann so ein Einschnitt, weil ziemlich viele angefangen haben, Drogen zu konsumieren.

Bin dann da auch ziemlich abgerutscht und hab auch ein paar Leute irgendwie unbewusst mitgeschliffen. Das ging dann auch richtig hoch, das ich andere Sachen ausprobiert habe. Als ich dann 16/17 war, war ich dann ganz schön weit unten. Ein einschneidendes Erlebnis war dann der Urlaub mit der Mühle in Italien. Da haben sie mich dann mit ein paar Freunden verhaftet, wegen Drogenbesitzes und die Mühlenmitarbeiter mussten sich um alles kümmern. Es war ganz einfach so, wir sind da nachts rumgewandert und die haben uns hoppgenommen am Strand, weil wir nicht wussten, dass wir da nicht hingehen dürfen. Die haben sich eine Tüte gebaut und die Bullen haben das gleich irgendwie mitbekommen. Na ja, und dann hieß es halt, wir dürfen für ein Jahr dableiben. Dann haben sie unsere Eltern angerufen und die Deutsche Botschaft und das Konsulat, alles in Gang gesetzt und so. Ja und im Endeffekt hatten wir dann doch frühzeitig Gerichtsverhandlung, und wir durften erst mal nach Deutschland, später hab ich dann erfahren, dass das Verfahren eingestellt worden ist, in Italien. Ja das war so ein großes einschneidendes Erlebnis, was auch viele Leute hier zum Nachdenken gebracht hat. Ich schätze mal auch von der Mitarbeiterseite her, was kann man machen, wie geht man weiter vor.

Ich war dann auch weiterhin noch in der Mühle, allerdings auch schon in Therapie.

Michael: Therapie?

Marian: Therapie in dem Sinne. Ich hatte damals ganz schön viel Stress und die Drogen haben da auch nicht unbedingt geholfen. Ich hatte mich irgendwie in meine eigene Welt zurückgezogen und hatte dadurch ein paar Probleme mit meiner Umwelt. Ja, ich war dann beim Drogenberater, dem besten Drogenberater von Magdeburg. Zwei, drei Anläufe genommen, bis ich dann halt da gelandet bin, in der Therapie, und das haben wir dann auch sehr intensiv ein Jahr durchgezogen. Bin dann zwischendurch zur Mühle, hatte aber dann immer noch Probleme, zumindest kam dann starker Alkoholgenuss dazu. Wir haben halt bloß noch getrunken. Nur noch getrunken. So als Ausgleich für die etwas anderen Sachen. Das führte dann auch wieder zu Problemen, so die zwischenmenschlichen Beziehungen mit den Freunden, wo es halt dann ab und zu mal geknallt hat. Dann hab ich mich nach der Therapie ziemlich aus meinem alten Freundeskreis zurückgezogen, weil ich gemerkt habe, dass ich halt einfach auch meine Umwelt wechseln muss, wenn ich damit klarkommen will. Und fast mein gesamter Freundeskreis war dann älter. Wo ich halt immer mit der Jüngste war, die hatten halt Wohnungen und wir haben uns dann immer dort getroffen.

Michael: Und wie ist es mit der Ausbildung?
Marian: Die Ausbildung habe ich zu Ende gemacht. Also Kaufmann im Einzelhandel bin ich von Beruf, damit war ich 99 im Sommer fertig. Aber das war irgendwie nicht so das Richtige. Ich hab dann mit dem Fachabi angefangen. Ich meine, ich fang es jetzt wieder an, weil ich weiß, ich schaffe es. Habe dann so Anfang 2000, Januar/Februar, als Altenpfleger angefangen. Und Altenpflege hat eigentlich auch richtig dolle Spaß gemacht. Konnte dann auch im Mai meinen Zivildienst dort beginnen. Ich hab dadurch auch neue Leute kennen gelernt, und das war eigentlich mehr so mein Ding. Der Zivildienst ging jetzt bis Ende Mai, oder bis Ende März. Hat mir richtig Spaß gemacht, die wollten mich auch behalten, aber ich wollte irgendwie doch nicht so richtig. Ich weiß nicht, kann ich später noch mal hin. Jetzt will ich mich erst mal auf junge Leute konzentrieren und denen helfen auf Grund meiner eigenen Erfahrungen, die ich so hatte. Ja, und seitdem arbeite ich halt als Betreuer ein bisschen, in Sangerhausen, helfe da aus.

Michael: Wie kommst du nach Sangerhausen, was hast du da gemacht?
Marian: Das ist durch einen guten Freund, den ich im Zivildienst kennen gelernt habe. Ja, das ist ein richtig guter Freund, der mein Leben auch ziemlich umgekrempelt hat. Und hat mir auch einen anderen Blick aufs Leben gegeben. Wir haben völlig andere Erfahrungen gemacht, was total interessant ist und da prallen auch zwei unterschiedliche Welten aufeinander, also der Junge aus der Großstadt, oder aus der Stadt, aus dem Viertel Olvenstedt, und der Junge aus der Kleinstadt. Und der hat mich so ziemlich umgekrempelt. Und mit ihm war ich auch Dozent, in der Zeit, als ich Zivi war. Für Altenpflege, an der Zivildienst-Schule in Erfurt, und da haben wir halt Prophylaxe, Altenpflege und so Praxis gemacht. Jetzt im September geht die Schule wieder los. Jetzt will ich noch ein Praktikum machen, bei SYNANON, dieser therapeutischen Einrichtung, wenn das klappt oder in einer anderen sozialen Einrichtung.

Also ich möchte als Sozialarbeiter tätig sein, aber halt nicht irgendwie in einem Jugendclub. Sondern ich möchte das stark mit den Drogen verbinden, so irgendwie eine Mischung zwischen Drogenberater und Sozialarbeiter, so eine Art Streetworker. Das will ich jetzt machen. War auch schon mit Jugendlichen unterwegs, und als Betreuer mit Spätaussiedlern, aber wie gesagt, das läuft alles nicht in Magdeburg, sondern in Sangerhausen.

Michael: Wie ist das Verhältnis zu deinen Eltern?

Marian: Ich hab ein supergeiles Verhältnis zu meinen Eltern. Sie haben mich schon immer unterstützt, und als dann das Ganze losging, zum Anfang haben sie das gar nicht so mitgekriegt, oder wollten es nicht mitkriegen. Also durch diese Sache in Italien und durch andere Dinge haben sie es halt mitgekriegt und sie haben mich dann auch gleich unterstützt, sind mit mir überall hingefahren, zu Beratungsstellen. Meine Mutter war aber auch schwer krank zu der Zeit, wo es dann auch zu Hause mal ab und zu gekracht hat. Da hatte ich dann mein Sparbuch mal wieder leer geräumt, halt ein paar tausend Mark runter, und das innerhalb von zwei, drei Wochen verprasst, irgendwie für alles Mögliche. Da ging es dann zu Hause richtig rund. Aber im Großen und Ganzen haben meine Eltern mich immer unterstützt, auch heutzutage hab ich ein besseres Verhältnis als je zuvor zu meinen Eltern.

Michael: Was hast du für Hoffnungen und Wünsche für die Zukunft?

Marian: Ich hoffe, dass das mit meiner Schule und meinem Studium alles klappt, was ich in Leipzig machen will. Auf keinen Fall in Magdeburg, weil ich da doch ziemliche Abneigungen gegen die Stadt habe. Hoffe erst mal, dass das alles gut geht und das ich halt eine Stelle als Sozialarbeiter im Bereich Suchtprävention und Beratung bekomme. Das ist eigentlich mein absoluter Traum und Berufswunsch, den ich mir irgendwie erfüllen will. Das ist erst mal das eine. Und das andere. Da ich eine Freundin seit einer Weile habe, und wirklich dolle glücklich mit ihr bin und seitdem sie diesen schrecklichen Autounfall hatte, ist mir erst mal klar geworden, wie schnell ich sie auch verlieren kann, und deshalb möchte ich halt mit meiner Kleinen glücklich werden. Das sind eigentlich so die Sachen, die mir im Moment am Herzen liegen. Und dass ich in meiner Schule alles hinkriege und später halt diesen Beruf erreiche, von dem ich träume.

Erste Wohnung
Cindy S.

Die erste, die zweite, die dritte und so weiter – alle stinken, sind nass und nicht der Traum. Aber dann ist der Traum da – er ist 45,21 m² groß –, die erste eigene Wohnung. Die will ich.

Am 16.10.2001 bitte zum Mietvertrag unterschreiben kommen. Und dann war es so weit. Noch eine Unterschrift und dann gab's auch schon die Schlüssel. Nun schnell zu Mutti fahren und sie überreden mitzukommen. „Na gut", sagte sie schließlich, kurz darauf Tapeziersachen zusammengesucht und auf ging es. Endlich angekommen, alle Sachen in eine Ecke geworfen und die erste Zigarette in der eigenen Wohnung geraucht. Was für ein Gefühl! Der Flur   welche Farbe? Bianca sagt: „Na orange oder so ..." Na gut. Aber irgendwie sieht es gar nicht nach Orange aus, aber die Farbe ist auch okay. Wir kommen an die Wände gar nicht bis oben ran, müssen wir also Nachbar Till fragen, ob er mal einen Stuhl hat. Er gibt uns eine Leiter, die noch immer in meiner Wohnung steht. Schließlich war der Flur fertig. Was für ein Gefühl! Der erste Raum ist fertig. Als nächstes ist das Bad dran. Da müssen wir erst mit Spachteln anfangen. Nach kurzer Zeit sagt Bianca: „Ich habe keine Lust zum Abspachteln. Das ist so anstrengend. Kannst mir ja Bescheid sagen, wenn du wieder streichst." Also gut – muss Cindy wohl alleine durch. Irgendwann hatte ich dann auch keinen Bock mehr. Weiter geht's am nächsten Tag. Und dann gab's ja auch noch meinen Onkel, der hat den Rest mit mir zusammen gemacht. Als das Spachteln endlich fertig war, ging's weiter mit Streichen. Dann war das zweite Zimmer fertig. Das Schlafzimmer wollte Sonja streichen und das durfte sie auch. Eines Tags, als ich grad so beim Streichen war, kamen plötzlich zwei Freunde. Es war an einem Freitag, am Samstag musste ich arbeiten, aber egal, der Wein war aufgemacht und Durst hatte ich auch. Also trink ich ein Glas und dann noch zwei und so weiter. Letztendlich habe ich 45 Minuten geschlafen und es war Horror zur Arbeit zu fahren. Aber ich bin ja jung und kann so was ab. Es war ja ein richtig schöner Abend. Aber fertig sind wir doch nichtgeworden.

Als es dann kalt wurde, wollte ich den schönen alten Kachelofen anschmeißen, aber keine Kohlen oder Holz da. Gehen wir mal in den Keller gucken, ob welche irgendwo zu finden sind. Alle Türen ausprobiert und irgendwann war eine offen und da lagen auch zufällig ein paar Kohlen herum. Schnell wieder weg. Nun das erste Mal den Ofen anmachen und ich wusste nicht, wie das geht ... Zum Glück hatte ich eine erfahrene junge Frau mit grauen Haaren bei mir (nicht böse sein!), die wusste, wie das geht. Und schon war er im Gange. Der nächste Raum konnte gestrichen werden – die Küche. Nur welche Farbe sollte ich nehmen? Nach Tagen dann endlich die Erlösung – grün! Also aufgemacht und Farbe kaufen und mischen. Als das Ergebnis da war, hatte ich keine Lust mehr auf grün, denn die Farbe war so scheußlich geworden. Also zum Baumarkt fahren und neues Grün holen. Wieder war das Ergebnis nicht so, wie ich es wollte, aber egal, irgendeine Farbe muss ja dran. Dann war auch die Küche fertig.

Am nächsten Tag wollte ich unbedingt die Stube schaffen. Also früh aufgestanden, zum Baumarkt gefahren (meinem mittlerweile „zweiten Zuhause") und noch ein paar Sachen geholt, die man so braucht. Zuerst die Decke weißen. Was für ein Horror! So sieht es jetzt auch aus. Nun die Wände. Damit es schneller geht, hab ich einen Handfeger genommen, in die Farbe getaucht und damit gestrichen. Schnell ging das, sag ich euch und gut sieht es auch aus. und fertig renoviert ist die erste eigene Wohnung. Fertig! Nur noch fegen und wischen und der Umzug kann losgehen. Zum Glück haben mir noch ein paar starke junge und alte Männer geholfen und einen coolen Umzugswagen hatten wir auch. Alles eingeräumt und dann endlich die dritte Nacht mit Möbeln in der eigenen Wohnung geschlafen. Nur ein Problem gab es: Es war kalt und nichts zum Heizen da. Also wieder im Keller ein paar Kohlen ausgeborgt. Hoffentlich geht der Kachelofen nun auch an und ich mache nichts falsch. Aber ich habe nichts falsch gemacht und irgendwann wurde es immer wärmer und gemütlicher.

WEGE

WOHIN GEHEN?
SAG MIR DOCH
WELCHEN SOLL
ICH WÄHLEN?
JETZT.

Ich habe
Angst,
dass mein Leben so
bleibt wie es ist.
Jeden Tag aufstehen
und es ist mir nur
zum Kotzen,
weil ich weiß, dass
ich bei der
Arbeit
nur Pappe absammle
oder doof rumstehe.

Cindy

SEIN

ICH BIN!
WAS BIN ICH?
ICH HAB KEINE
AHNUNG!
NACHDENKEN.

Nur ein Leben

Matthias S.

Um mal ganz vorn anzufangen: Ich wurde am 6. September 1981, einem sonnigen Sonntag um 11.43 Uhr in Magdeburg geboren. Bis zur zehnten Klasse hab ich wie ein Kind in den Tag hineingelebt. Ich glaubte an die schönen Worte: Man kann eh erst handeln, wenn es so weit ist. Macht mir über nicht viel Gedanken, geschweige denn Sorgen über Lebenssinn und meine Umwelt. Diese Zufriedenheit mit mir und meinen Verhältnissen entsprang einfach meinen Erfahrungen, besser gesagt: den nicht gemachten. Mit 15 durfte ich ein Mädchen lieben lernen. Fast drei Jahre lang lebten wir uns ohne Vorwissen und mit großer Neugier aus. Es gab zwischendurch Pausen und sogar einige affige Affären. Doch die Vertrautheit, das Wissen über Wünsche und Schwächen des anderen, diese Geborgenheit machte uns unzertrennbar. Wir hatten uns von anderen Meinungen und Werten abgeschottet, liebten uns und den Moment miteinander.

Die Welt außerhalb der Beziehung war oft kalt und egoistisch. Ich spielte Fußball, auch ein Jahr lang im Verein. Übrigens in der Abwehr und ich war die ganze Saison lang der letzte Mann. So kam ich nie über die Mittellinie hinaus, schoss nie ein Tor, ja und selbst bei Ecken stand ich am Mittelkreis und schaute zu. Trug dadurch aber auch eine Menge Verantwortung und brauchte Schienbeinschoner gegen den Ehrgeiz der Gegner.

Bei einem Schulturnier sah ich, wie ein Torwart ohne Rücksicht auf irgendetwas in die Beine eines Stürmers sprang. Er hatte den Ball sicher. Der Stürmer lag vor Schmerzen schreiend am Boden. Dafür gab es noch nicht mal Freistoß. Einige Wochen später erzählte uns der Sportlehrer, dass der Bengel jetzt im Rollstuhl sitzt und demnächst, vielleicht für immer, nicht mehr laufen kann. War dieses Spiel das alles wert?

Verdammt, wir haben nur ein Leben, nur einen Körper! Das heißt nicht, dass ich aufgehört habe, Fußball zu spielen, aber in diesem Jahr bei der SG Messtron erhielt ich nicht mal eine gelbe Karte.

In den letzten drei Jahren lernte ich 'ne Menge dazu. Über den jetzigen und früheren Zustand unseres Planeten, nicht nur geografisch. Politische Machtspiele und die doch ernst zu nehmende Umweltbelastung. Mein Interesse lag bei anderen Kulturen, Gesellschaften, Sitten und den so vielseitigen Möglichkeiten des Lebens.

Den Anfang machte das Wohnheim in Erfurt. Hier waren Menschen versammelt von Rügen bis Bayern. Jeder hatte etwas anderes erlebt, wuchs in anderen Verhältnissen auf. Mein Zimmerkollege, von seiner Mutter liebevoll Pisel genannt, war 'nen Kopf größer, Bräune gekauft, liebte teure Klamotten und unkommerziellen Techno. Außerdem suchte er ständig neue Mädels. Dazu gesellten sich People von links-alternativ bis rechtsradikal, von Egoschweinen bis hin zu überzeugten, selbstverlorenen Betonliebhabern.

Ich begann über meinen eigenen Standpunkt nachzudenken ...

Ja, ich bin ich. Träume, träume und erfülle mir meist persönliche Wünsche. So wie Nadine, die sich leider von materialistischer Mode führen lies. Unsere Beziehung basierte mehr und mehr auf körperlicher „Liebe". Unsere Geister gingen immer weiter auseinander. Es folgte ein schleichendes Ende und ein lang überdachter Entschluss. Sie drehte sich damals im Kreis, ein goldener Teufelskreis.

Ähnlich den meisten Leuten im Wohnheim. Die sich ablenkten, den Fernseh-, Klamotten- und den allgemeinen (il)legalen Drogenkonsum brauchten, um zufrieden zu sein.

Wenn du gefragt hast, ob sie es sind, waren sie zufrieden. Doch fluchten sie und brauchten Feindbilder. Nach dem Erfüllen des Wunsches etwas zu haben, kommt gleich das nächst bessere, schnellere und einfach noch coolere Vorhaben.

Das war nicht mein Weg. Ich wollte nie der Größte sein.

Wahrscheinlich weil es den, die oder das Beste gar nicht gibt.

Selbstbestimmt wollte ich leben. Kein Sklave des Systems, einer Szene, einem Kult oder anderen ausgelatschten menschenfeindlichen Idealen nachzueifern. Meine Mitbewohner und Bekannten wollte ich „aufwecken". Aber mit Meckern kommt man nicht weit. Beispiele oder noch besser Vorleben überzeugt die Menschen von den Möglichkeiten und dem Machbaren.

Das Weltgeschehen und seine Geschichte interessierte mich immer mehr, damit weitete sich auch mein Horizont. Die täglichen News und das Schulbuchwissen ist nur die Spitze des Eisberges.

Wenn jemand von euch die „Machnobewegung" kennt, wäre ich sehr erstaunt und erfreut.

Falls nicht, seit neugierig!!

Das Leben und damit jeder neue Tag ist etwas Besonderes. Nutze das Jetzt für die Sachen, die dir wichtig erscheinen. Bleib offen und mutig dein Recht einzufordern und Kompromisse zu schließen. Schwer ist etwas nur, solange wir es nicht wagen.

Machen, was ich will

Interview mit Bianca S.

Sonja: Was magst du gerne?

Bianca: Schlagzeug spielen. Das ist mein Traum. Mich hat das schon immer fasziniert. Ein Klassenkamerad von mir hat ein Schlagzeug und wenn ich mal da war, hat er mir immer was Neues gezeigt. Ich fand das einfach nur Klasse! Die Art, wie er spielt und überhaupt. Faszinierend! Was ich sonst noch mache? Na ja, mit Freunden unterhalten, z. B. über Probleme, über die ich mit den Eltern nicht reden kann. Dann reden wir halt über Probleme, doch man will dann vor allem was loswerden und nicht so viel von dem anderen hören. Ich mag es auch, mit Freunden etwas zu machen. Rausgehen. Nicht zu Hause rumsitzen. In die Stadt fahren. Kino. Einfach sich mit Leuten beschäftigen. Etwas machen. Spaß haben. Erzählen. Gedanken austauschen.

Michael: Wie ist das Zuhause? Hast du ein eigenes Zimmer?

Bianca: Ja.

Michael: Hast du Geschwister?

Bianca: Ja, einen Bruder. Er ist 19.

Michael: Wohnt der auch noch bei euch?

Bianca: Ja.

Michael: Und wie verstehst du dich mit ihm?

Bianca: Na ja, früher, da war er 12 Jahre und ich 8. Da haben wir uns noch verstanden. Da haben wir uns immer nur gekabbelt. Als er dann 18 war, meine Eltern nicht da waren, hat er immer voll einen auf Hausherr gemacht: „Tue dies, tue das." Und wenn ich das dann nicht gemacht habe, hat er mich angeschrien und rumgemotzt. Im Moment geht das Verhältnis. Da ist er relativ nett. Manchmal hat er auch seine schlechten Phasen, da lässt er das an anderen aus, was ich relativ blöd finde. Und dann ist er oft auch wieder nett, dann komme ich gut mit ihm klar.

Michael: Hast du Probleme in deiner Familie?

Bianca: Ich bin halt voll eingeschränkt. Sachen, die mir wichtig sind, die gibt es halt nicht. Zum Beispiel: länger raus oder auf irgendwelche Konzerte oder irgendwelche Fahrten. Da muss ich dann immer übelst lange reden. Wenn ich dann doch mache, was ich will, gibt es irgendwelche Strafen. Zum Kotzen.

Sonja: Du hast gesagt, in letzter Zeit wird es immer besser!?

Bianca: Ich habe meinen Eltern auch einen Brief geschrieben. Es war ein langer Brief darüber, dass sie sich mal in meine Lage versetzten sollen. Und dass ich auch mal was machen will. Das ist jetzt meine Jugend, da will ich auch was erleben und nicht immer nur zu Hause sein. Alle gehen abends immer weg und ich muss dann zu Hause sein. Das ist ja auch irgendwie blöd.

Michael: Wie haben sie darauf reagiert?

Bianca: Erst haben sie gar nichts gesagt und irgendwann haben wir uns dann zusammengesetzt und diskutiert. Zum Beispiel wegen der Lügerei, weil ich meine Eltern immer angelogen habe. Wenn ich irgendwohin fahren wollte. Zum Beispiel als ich nach Berlin gefahren bin. Dann meinte ich: „Wenn ihr mir mehr erlauben würdet, würde ich euch doch nicht anlügen." Und das war so oft, dass ich mir überlegt habe, ob ich sie jetzt anlüge oder die Wahrheit sage. Dann habe ich meistens doch die Wahrheit gesagt, dann haben sie es mir halt verboten. Dann habe ich auch gedacht: „Hätte ich sie mal lieber angelogen." Dadurch kam das so mit der ganzen Lügerei, was mir auch leid tut, aber ich kann es nicht ändern.

Sonja: Womit begründen sie denn ihre ablehnende Haltung gegenüber deinen Vorhaben?

Bianca: Weil sie Angst um mich haben. Aber ich finde, dass ist ein bisschen übertrieben die Angst. Zum Beispiel sagen sie immer, dass ich dann und dann nach Hause kommen soll, z. B. um 22:00 Uhr, weil es dunkel ist. Aber im Winter ist es doch um 22:00 Uhr genauso dunkel wie um 18:00 Uhr. Und auch so, was ist die Dunkelheit für ein beschissener Grund. Sie meinen, ich könnte weggefangen oder entführt werden. Hallo, ho. Da werd' ich doch eher vom Auto überfahren. Aber wenn sie das eben so sehen, kann ich eh' nichts dran ändern. Bei meiner Freundin Katha hat es der Vater jetzt begriffen. Sie hat gezeigt, dass sie so was nicht mit sich machen lässt. Sie darf jetzt länger raus und Fahrten mitmachen und so. Aber wenn ich das machen würde, sagen meine Eltern, ich komme ins Heim und solche Sachen. Die würden auch die Polizei rufen oder so was in der Art!

Sonja: Gehst du ernsthaft davon aus, dass deine Eltern dich ins Heim stecken?

Bianca: Nicht wirklich! Sie sagen ja auch immer, dass ich ihnen total wichtig bin, aber warum verstehen sie mich dann nicht? Ich versteh das echt nicht.

NATUR

DAS HANFFELD
SCHÖNSTE,
INTERESSANTESTE
PFLANZE
AUF DER GROßEN
WEITEN
WELT.

Sonja:	Kannst du vielleicht mal was vom Wechsel der Schulen berichten. Du bist ja vom Gymnasium abgegangen und jetzt bist du auf der Realschule. Da gab es ja im Sommer viel Trouble. Wie sehen deine Eltern das jetzt mittlerweile. Erzähle doch mal, was ihre Befürchtungen waren.
Bianca:	Na ja, erst mal haben sie befürchtet, dass ich es später bereuen werden. Dann sollte ich nicht abgehen, weil ich dann sowieso keine Arbeit bekommen würde. Dass ich dann weniger Chancen hätte. Und dass ein Gymnasialabschluss mit drei oder vier immer noch besser ist als ein Sekundarschulabschluss mit zwei oder drei. Dann wollten sie mir nicht glauben, dass ich auf der Sekundarschule bessere Noten haben würde. Und jetzt habe ich auch bessere Noten und das ist schon so alltäglich, dann freuen sie sich gar nicht mehr so. Dann ist das schon normal.

Michael:	Warum wolltest du wechseln?
Bianca:	Weil ich keine Lust auf 13 Jahre hatte. Ich wollte eh' nicht studieren. Ich wollte nicht bis sonst wann in der Schule sitzen. Ich hatte fast keine Freizeit mehr. Dadurch war ich total eingeschränkt. Eigentlich auch wegen dem ganzen Stress, immer der Druck: lernen und lernen, nochmals lernen.

Michael:	Was willst du denn nach der Schule machen?
Bianca:	Na ja, ich weiß nicht. Ich versuche erst den erweiterten Realschulabschluss. Dann will ich versuchen eine Ausbildung als Fotografin zu bekommen. Das wäre genial, wenn das klappen würde. Also ich bin mir sicher, dass ich einen erweiterten Realschulabschluss schaffe mit meinen Noten und so.

Sonja:	Was willst du in deinem Leben mal erreichen?
Bianca:	Abschluss machen. Und dann eben die Ausbildung. Wenn es nicht klappt, hab ich keinen Plan.

Sonja:	Würdest du gerne Kinder haben?
Bianca:	Nee, wegen der ganzen Arbeit. Wer soll sich denn rund um die Uhr um das Kind kümmern? Man da ja auch 'ne Verantwortung. Ich weiß nicht, wie ich später darüber denke. Im Moment denke ich, nee bloß keine Kinder.

Sonja:	Was denkst du über die Liebe?
Bianca:	Was soll ich denn darüber denken?

Sonja:	Oder was geht dir durch den Kopf, wenn du an die Liebe denkst?
Bianca:	Ich könnte jetzt etwas erzählen, aber das will ich nicht erzählen. Eine lange komplizierte Geschichte, die ich auch nicht jedem erzähle.

Sonja:	Welche Rolle spielt Musik in deinem Leben?
Bianca:	Eine ganz wichtige Rolle. Ohne Musik wäre es eintönig. Ich weiß nicht, was ich dann machen würde. Wenn ich in irgendwelchen Stimmungen bin, beeinflusst mich die Musik. Es gibt z.B. ein Lied, da denke ich immer an eine bestimmte Person. Wenn ich gut gelaunt bin, höre ich das Lied und wenn ich schlecht gelaunt bin, höre ich ganz andere Lieder. Und das bringt irgendwie mehr, als irgendwelche Gespräche. Das kann auch viel ausdrücken.

Sonja:	Was hast du für Träume?
Bianca:	Ich würde mir gern ein Schlagzeug kaufen. Ich hätte ja auch die finanziellen Möglichkeiten, ich habe bloß kein Platz, wo ich es hinstellen kann. Wohnung – zu laut, Garage mieten – teuer, mein Vater meint auch, das hören welche und beschweren sich oder klauen es oder bla, bla, bla ...

Michael:	Gibt es irgendetwas, was dir nicht gefällt im Leben? Was dir aufstößt bei Leuten?
Bianca:	Leute, die andere Menschen zusammenschlagen oder beklauen, weil sie so sind und aussehen. Menschen, die so tun, als ob sie Freunde sind und dann hinter dem Rücken ablästern. Sich über einen lustig machen. Ich verstehe nicht, warum ich meine Eltern nicht verstehe. Ich diskutiere immer so lange mit ihnen, es kommt aber nichts bei raus. Die bleiben bei ihrer Meinung und ich bleibe bei meiner Meinung. Ich will aber, dass die mich verstehen. Die verstehen mich aber nicht. Irgendwie kommen wir nie auf einen Punkt, wenn wir diskutieren. Es ist zwecklos.

FOTO WAS?
ICH?
NEIN NICHT
DOCH!
ICH WILL
NICHT,
NEIN!
PASSIERT

An mir mag ich am meisten ...

... dass ich das Leben liebe und auch hasse,
die Menschen, die Macken, das Streben, alles ist eins.
Man darf es sich aussuchen, wie man es für richtig hält.
Mag auch an mir, dass ich Dinge locker sehen und
dadurch mehr erreichen kann und am Ball bleibe.

Patrick

... dass ich mich nicht von meiner Umgebung beeinflussen lasse.
Dass ich nicht mit der Mode gehe und mich z. B. so kleide,
wie ich mich wohlfühle.

Bianca

... dass ich ein neugieriger und überzeugter Humanist bin.
Ehrlich auch bei nicht so leichten Themen.
Das Wissen, dass alles möglich ist.

Matthias

Meine Spontanität und dass ich immer noch gern lese und
nicht davon weggekommen bin.

Andrino

... dass ich so aussehe, wie ich bin.

Steve

... dass ich so bin, wie ich bin.

Aileen

... meine Fingernägel.

Cindy

Die wirkliche Wahrheit

Andrino S.

Ich habe manchmal das Gefühl, ich bin ein einsamer Mensch, obwohl ich viele Kumpels habe. Das ist irgendwie total komisch, weil ich mich eigentlich nicht einsam fühlen sollte. Ich denke, dass so etwas oder so etwas Ähnliches jeder Mensch erlebt, ob er es zugibt oder nicht.

Der Mensch an sich ist eigentlich vom Wesen aus neugierig, er gibt sich nie oder selten mit irgendetwas zufrieden. Er fragt immer weiter, will immer mehr wissen. Er sucht meistens die Wahrheit. Von allem. Die allgründliche bzw. wirkliche Wahrheit wird er nie finden. Und so ist es ebenfalls auch bei mir. Ich will immer die wirkliche, einzige Wahrheit wissen, hören. Aber ich will oder kann die zu Zeit bestehende Wahrheit nicht akzeptieren. Wenn ich mich oft mit einer Sache beschäftige, fange ich an zu zweifeln und zu misstrauen. Ich muss aber zugeben, das dies nicht immer so war, bis vor kurzem war ich blauäugig, naiv oder gar dumm.

Mir wurde das oftmals gesagt bzw. vorgeworfen und ich gebe ehrlich zu, dass dies zu diesem Zeitpunkt auch berechtigt war. Ich sehe mich zur Zeit in dem Konsolidierungszeitpunkt, dem Punkt, wo ich langsam begreife und verstehe. Ich bin bemüht mich zu ändern und bin auch voller Ehrgeiz dabei. Die Phase, die ich gerade durchlebe, ist vielleicht die wichtigste in meinem Leben überhaupt. Ich stelle mir auch wegen der Zukunft Sinnfragen. Was wäre wenn ... Was würde passieren, wenn ich ... Wie wird meine Zukunft? Eine Frage, so alt wie die Menschen.

Mit zunehmendem Alter kommen immer neue Probleme auf einen zu. Das fängt so mit 15, 16 Jahren an. Man beginnt sich Gedanken zu machen, was man werden will, welchen Beruf man erlernen will und ob man überhaupt einen Job bekommt. Arbeit finden ist heutzutage wie ein Sechser im Lotto. Diese Probleme hatte ich natürlich auch, wie jeder andere junge Mensch, der entweder aus der Schule kommt oder gerade dabei ist, die Schule zu beenden und in das Arbeitsleben einzutreten.

Aber diese Jugendlichen wissen nur von Hörensagen, wie das ist, zu arbeiten, aber wie es wirklich ist, wissen sie nicht. Diese Probleme kenne ich, wie gesagt, sehr gut und ich wusste auch nicht, wie es weitergehen sollte. Ich war wirklich manchmal am Verzweifeln und wusste nicht weiter. Aber dann ging es doch irgendwie weiter. Man darf sich von den anfänglichen Problemen nicht erschrecken lassen, sondern muss einfach unverdrossen weitermachen.

Aber wie gesagt, je älter man wird, desto mehr Probleme kommen dazu, vor allem neue Probleme.

Schlussfolgernd möchte ich sagen: Die allgemeingültige Wahrheit kann und wird es nicht geben, denn wenn alle Menschen nur die Wahrheit sagen würden, ehrlich zueinander wären, oohhh, ich glaube dann wäre Holland in Not: Manchmal sollte man auch mal mit der Wahrheit zurückstecken und mal kleine Notlügen zulassen. Weil, wenn man nur die Wahrheit sagt, kann das auch kräftigen Ärger einhandeln und das nur, weil man in einer falschen Situation die Wahrheit gesagt hat.

Aber das soll jetzt kein Freibrief zum Rumlügen sein, zu Freunden, Eltern oder zu anderen Menschen die einem bekannt und wertvoll sind, sollte man eigentlich immer die Wahrheit sagen.

Ciao, und take care.

Wenn ich frei wählen könnte, würde ich die Vereinigung aller wählen,
dann nämlich herrscht Wohltat und paradiesische Zustände.
Patrick S.

Neulich erkannte ich mal wieder in welchen Schlaraffenland wir leben. Versorgt mit fast allem, und fast jeder hat Zugang. Eigentlich sind wir alle gleich (vor Gesetz und Staatsverwaltung (Regierung)). Im Vergleich zum Rest der Welt geht es uns gut. Schade für den Rest in den Entwicklungsländern.
Matthias

Alltag
& Freizeit
Freunde

Also zum Abhängen
würde ich nicht mehr
kommen, weil dazu hab
ich keine Zeit mehr. Was
man halt in der Jugend
macht, abhängen. Das
kann man nur in der
Schulzeit, das geht
danach nicht mehr.
Tina M.

The Lovely

Patrick S.

Liebe ist so schön und so schmerzvoll.
Liebe ist Hingabe und Verzweiflung.
Liebe verbindet den Wahnsinn mit dem Groll.
Liebe gibt uns Emotionen und Erleuchtung.
Liebe zerreisst die Herzen und beengt die Mägen
      Nur wer liebt, arbeitet mit zerbrechlichen Sägen.
Liebe lässt uns fliegen, wenn wir dazu fähig sind.
Liebe lässt uns siegen über Dinge, die uns nicht gesinnt.
      Wer auch nur einmal geliebt, der hat gelernt fürs Leben,
      aber nicht gesiegt.
Liebe lässt uns schwitzen, entspannen und zittern.
Liebe ist Erniedrigung und Aufleben.
  Ein Gegensatz wie heller Sonnenschein zu dunklen Gewittern.
Nur die Liebe kann uns so etwas geben.
      Doch die Angst, die Angst vor dem Schmerz!
      Und wenn es so kommt, nimm es mit Scherz.
      Nur mit einem Lächeln kannst du überwinden den Terz,
      doch gezeichnet wird es immer sein – dein Herz.
      Irgendwann trifft man denn Menschen, der zu einem passt,
      aber das Leben hält für jeden andere Karten bereit.
      Manche haben keine Chance oder haben es einfach verpasst,
      und die anderen sind geboren füreinander zu zweit.
      Ich weiß nicht, wohin ich gehen muss, doch bin ich noch jung,
      und habe Zeit im Überfluss.

Vielleicht ein kleines Tonstudio

Interview mit Rayk S.

Michael: Erzähl bitte von deinem Leben. Was sind deine ersten Erinnerungen?

Rayk: Ich bin Rayk, geboren am 4. Juni 1980. Irgendwann mit 3 bin ich dann in den Kindergarten gekommen. Mit 11 bin ich dann nach Olvenstedt gezogen, dann hier in die Schule gekommen und die meiste Zeit auch hier in der Schule verbracht und so mit den Leuten. Ich bin eigentlich immer gut klargekommen mit den Leuten, obwohl es immer einige Sachen gab, mit denen ich angeeckt bin, weil ich immer nicht das gedacht habe, was die so wollten.

Michael: Das heißt?

Rayk: Ich war immer nicht so „rechts", wie die das wollten.

Michael: Mit deinen Klassenkameraden?

Rayk: Ja, mit Klassenkameraden, mit Leuten, die da in der Schule waren. Die haben dann immer gemeint, die wollen mich verprügeln oder so. Mit 14 bin ich dann das erste Mal nach hier hinten gekommen, wo der Bauspielplatz aufgemacht hat, und bin da eine Zeit lang gewesen. Dann haben wir angefangen, hier in der Mühle ein paar Leute kennen zu lernen, mit denen Tischtennis zu spielen, ein paar Fahrten mitgemacht. Sehr spaßig. Viel gesehen. Ich habe dann meine Freundin hier kennen gelernt, mit der ich zusammen auch ein Kind habe, mit der bin ich jetzt im Mai 6 Jahre zusammen. Das Kind wird dann im September 4. Neben dem Ganzen habe ich jetzt noch eine zweite Ausbildung angefangen, bzw. fängt sie erst richtig an, im September als Tischler, vorher hatte ich 2 Jahre Koch gemacht, war aber nicht so gut.

Michael: Hast du die Ausbildung abgeschlossen?

Rayk: Nein, die ist nicht abgeschlossen. Ist nur als Fachkraft im Gastronomiegewerbe.

Michael: Hattest du auch Probleme mit Leuten hier in Olvenstedt?

Rayk: Es gab zwischendurch mal ein paar Rangeleien, wenn man an den Leuten vorbeigegangen ist, wenn man dann halt ein bisschen längere Haare hatte als die und vielleicht noch ein bisschen Farbe mit drin. Aber so direkte Angriffe auf mich gab es eigentlich nicht, weil ich mich eigentlich immer gut durchsetzten konnte und auch direkt auf die Leute zugegangen bin und gesagt habe: „Was ihr macht, ist mir eigentlich so egal. Lasst ihr mich in Ruhe, lasse ich euch in Ruhe. Und dann gibt es da keine Probleme weiter." Und nach einer ganzen Weile haben es einige Leute kapiert, dass sie dann auch damit leben können, dass ich halt anders gedacht habe? Was heißt anders gedacht habe? Ich meine, was ich für mich gedacht habe. Und nicht für sie. Dass ich mein Leben gelebt habe und lebe, was man auch viel bei den Leuten hat, die hier jetzt sind. Weil eben doch viele unterschiedliche Leute hierher kommen, irgendwelche Leute, die meinen, sie sind „rechts" und welche, die sind „links" und irgendwelche, die das gar nicht so interessiert. Da muss man immer schon sehen, dass man mit den Leuten irgendwie auf einen Punkt kommt. Wenn man sich da mit solchen Sachen in Ruhe lässt, oder bzw. denen den Standpunkt klarmacht, ohne den Leuten drohen zu wollen oder die Leute zu provozieren. Da fühlen sich ja die meisten doch immer ein bisschen provoziert, wenn man seine Meinung frei heraus sagt.

Michael: Was für eine Beziehung hast du zu deinen Eltern?

Rayk: Also mit meinen Eltern habe ich eigentlich gar kein Problem, die unterstützen mich auch in allen Sachen, wie sie es eben machen können, ob es nun finanziell ist oder mit irgendwelchen Sachen, wo mal ein Rat fällig ist. Und es war eigentlich auch schon früher immer so gewesen, als ich noch kleiner war. Die haben mir immer auch Rückhalt gegeben bei irgendwelchen Sachen, wenn da mal irgendwas war, wenn ich keinen Bock hatte, für die Schule irgendwas zu machen, haben sie mir dann doch immer einen kleinen Denkanstoß gegeben und sich da mal hingesetzt und mir da ein bisschen geholfen bei irgendwelchen Sachen, Hausaufgaben oder so. Und mit meinem Bruder, der ist 6 Jahre älter als ich, wo er noch bei uns zu Hause gewohnt hat, war eigentlich immer Zoff und Zank und wir haben uns immer rumgestritten, aber nachdem er dann ausgezogen ist, er ist mit 18 ausgezogen, und von da an ging es dann. Da hat sich eine richtig gute Beziehung zu meinem Bruder aufgebaut. Und der unterstützt mich auch in manchen Sachen mit, wie er es eben kann.

Michael: Und in der Schule, hat dir die Schule gefallen, fandest du es gut, den Unterricht und das Verhältnis zu den Lehrern? Hattest du da Probleme?

Rayk: Nein, mit den Lehrern bin ich eigentlich immer gut klargekommen. Es lag vielleicht auch daran, dass meine Eltern auch meistens mit im Elternbeirat drin waren, so Probleme mit Lehrern hatte ich eigentlich nie. Der Rest war, na ja. Man hat zwar nicht unbedingt Bock drauf gehabt, man hat es aber durchgezogen, man will ja dann doch noch ein bisschen mitkriegen von der Schule und ein bisschen gebrauchen kann man es sowieso immer. Ein bisschen rechnen oder so.

Michael: Was hast du für einen Schulabschluss?

Rayk: Einen Realschulabschluss.

Michael: Und warum hast du die Ausbildung zum Koch gemacht?

Rayk: Es war so. Ich habe nicht gleich eine Lehre bekommen. Und dann habe ich mich in der Berufsfachschule für ein Jahr eingetragen und die haben angeboten, eine überbetriebliche Ausbildung zum Koch, was aber in dem Jahr, wo sie das angefangen haben, ein ganz neues Programm war vom Schulministerium und vom Arbeitsamt. Das nannte sich „Schule in Kooperation mit der Wirtschaft". Und da haben sie uns am Anfang erzählt, wir bekommen Lehrlingsgeld. Da habe ich das dann natürlich unterschrieben, weil man dafür auch etwas kriegt und dann den Facharbeiter da machen kann, ist das ganz gut. Na ja und dann nach 3 Monaten haben sie uns dann erzählt, es gibt gar kein Lehrlingsgeld, wenn, dann BAföG beantragen, das gab es dann auch nur ein Jahr und dann waren die Arbeitszeiten auch nicht so. Bis 11 oder 12 arbeiten hat sich schlecht vereinbaren lassen mit dem Kind abholen. Das war mir dann schon wichtiger, das Kind, als die Ausbildung.

Michael: Und wo hast du da gearbeitet?

Rayk: Die Hauptarbeit war in der Schule, es nennt sich „Akademie Überlingen". Das ist in Buckau so eine Privatschule. Und dann ein halbjährliches Praktikum war dann in irgendwelchen Restaurants oder Hotels je nachdem, wo man hinkonnte.

Michael: Und die Ausbildung zum Tischler, ist das jetzt auch eine Sache, die du schon immer gern machen wolltest?

Rayk: Es ist eine Sache, die ich gern machen wollte und will. Es macht halt Spaß, jetzt momentan ist es nur ein Lehrgang zur Vorbereitung und die unterstützen uns da eben mit Sachen wie Bewerbungen schreiben und kümmern sich darum, dass man eine Ausbildung kriegt nach dem Jahr.

Michael: Was wäre denn dein Traumberuf, wenn du machen könntest, was du wolltest?

Rayk: Traumberuf wäre Karosseriebauer gewesen. Da kommt man ganz schlecht ran. Dieses Jahr haben sie wohl in ganz Deutschland – weil ich denen im Arbeitsamt gesagt habe, dass ich das auch gern machen würde, da haben sie gesagt, da sind wohl 20 Stellen in ganz Deutschland ausgeschrieben.

Michael: Und wieso gerade Karosseriebauer?

Rayk: Weil das irgendwie immer Spaß macht, wenn man so an Sachen rumbauen kann oder auch selber gestaltet. Das ist auch das, was mir am Tischler so gefällt, weil man viele Sachen hat, die man selber macht, die man dann selber skizziert oder plant und misst, wie man es braucht oder haben möchte gern. Und das macht dann schon Spaß, wenn man Eigeninitiative hat, als wenn man das machen muss, was einem irgendeiner sagt.

Michael: Wie ist das so mit deiner Freundin? Du wohnst doch mit ihr zusammen und mit deinem Sohn?

Rayk: Ja, wir wohnen alle zusammen.

Michael: Und wie ist das so?

Rayk: Manchmal recht stressig. Das ist dann doch nicht so einfach, wenn man noch ein kleines Kind mit hat, wenn man sich sowieso jeden Tag sieht, es ist auch, dass man sich dann irgendwann einlebt so in die Situation, aber da muss man halt immer sehen, dass man das Beste daraus macht. Dass man da so eine vernünftige Beziehung führen kann, dass es sich auch eine Weile hält oder lange hält. Es soll ja lange halten. Das wäre mir ja schon wichtig.

Michael: Du bist ja schon recht früh von zu Hause ausgezogen.

Rayk: Ja, mit 17.

Michael: Da bist du dann schon mit deiner Freundin zusammen gezogen?

Rayk: Ja. Mehr oder weniger, ja. Eine Wohnung zusammen haben wir dann mit 18 genommen. Vorher bin ich immer bei ihr mit gewesen. Also weniger zu Hause gewesen bei mir.

Michael: Was haben deine Eltern zu dem Kind gesagt? Das war ja doch relativ früh.

Rayk: Meine Mutter war ein bisschen erschrocken, dass es so früh war, aber sie hat gesagt, wenn dann irgendwelche Sachen sind, sie hilft uns damit. Und mein Vater auch. Daher gab es da keine Probleme so. Haben es gut aufgenommen.

Michael: Und dass ihr dann gleich zusammengezogen seid, das war auch nicht das Problem?

Rayk: Nein, das fanden sie gut, dass wir dann zusammen sind, weil dann eben doch mehr Ruhe reinkommt, wenn man zu dritt ist.

Michael: Wie war das mit deinen Eltern? Die sind noch zusammen, oder?

Rayk: Nein, meine Eltern sind getrennt. Meine Mutter und mein Vater.

Michael: Und wie empfandest du das, als sie sich getrennt haben?

Rayk: Na, ich fand es ein bisschen doof. Weil es dann auch so kam, wie man es im Fernsehen immer so hört, man soll sich entscheiden, wohin. Und da habe ich von vornherein gesagt, da habe ich keine Lust drauf. Und dadurch kam das dann auch, dass ich letztendlich so früh ausgezogen bin bei meinen Eltern, weil ich nicht wollte, dass einer denkt, ich bevorzuge den anderen mehr und so, weil das Verhältnis dann doch recht gut ist eigentlich.

Michael: Wie war das damals, als es sich abgezeichnet hat, als sie sich haben scheiden lassen? War das schon klar zu sehen?

Rayk: Nein.

Michael: Kam das aus heiterem Himmel?

Rayk: Das kam mehr so aus heiterem Himmel, ja. Weil es dann doch gut versteckt wurde. Weil ich eine Zeit lang bei meinem Bruder gewohnt habe, wegen der Schule und so, weil das näher an der Schule lag. Und da kam es dann so aus heiterem Himmel. Mehr oder weniger von heute auf morgen. Aber da muss man durch, wenn man ein Lurch ist, der ein Frosch werden will.

Michael: Aber du hast noch Kontakt zu beiden?

Rayk: Ich habe noch Kontakt zu beiden, ja.

Michael: Was machst du sonst noch so in deiner Freizeit?

Rayk: Ich gehe oft in viele Konzerte.

Michael: Was hörst du da für Musik?

Rayk: Punk und Ska, so was in der Richtung. Also handgemachte Sachen so.

Michael: Was hast du für Zukunftsvisionen?

Rayk: Zukunftsvisionen sind bei mir eigentlich, dass sich das mit der eigenen Familie weiter so entwickelt, also mit der Freundin und mit dem Kind, und wir hoffentlich auch mal das Geld haben, irgendwo im Grünen ein kleines Häuschen, weil, wäre schon schön, wenn das Kind nicht nur in einer Großstadt aufwächst, sondern ein bisschen was von anderen Sachen sieht.

Michael: Hast du noch was anderes, was du gern erreichen würdest im Leben, außer dem Haus und dass alles so läuft?

Rayk: Ja, irgendwann mal das Geld haben, mir ein vernünftiges Musikinstrument kaufen zu können.

Michael: Was da wäre?

Rayk: Ich würde mir gern irgendwann mal eine Bassgitarre kaufen. Das würde ich doch gern irgendwann mal lernen, um dann vielleicht mal ein bisschen Musik in der Band zu machen und dann vielleicht, wenn das dann noch hinhaut, vielleicht ein kleines Tonstudio oder so. Oder ein Label, wo man die eigenen Sachen produzieren kann oder anderen Leuten helfen kann.

Freunde bedeuten für mich ...

Vertrauen, Liebe, Respekt, Zusammengehörigkeit und gegenseitiges Unterstützen. Machen das Leben angenehmer.
Matthias

Vertrauen, sich in schweren Situationen zu unterstützen.
Aileen

... Begegnen der Gedanken und Gefühle.
Sich aufgehoben und geborgen fühlen.
Anonym

Freunden muss ich einfach vertrauen können.
Aber das ist nicht so einfach! Einfach Spaß haben, zusammen lachen.
Cindy

Eigentlich 'ne Menge.
Um Probleme zu lösen, die man mit den Eltern vielleicht nicht
besprechen will oder kann.
Um die Freizeit zusammen zu verbringen und um jemanden zu haben,
mit dem man durch dick und dünn gehen kann.
Bianca

Mehr als alles andere.
Patrick

Ich würde es wieder tun ...

Erlebnis von Bianca S.

Eigentlich hatte ich überhaupt keinen Bock, die Geschichte zu schreiben, aber da ich grad sowieso zu Hause rumsitze und abkacke, wieder Stress mit meinen Eltern hatte, weil sie mich nicht zu Cindys Einweihungsparty lassen, dachte ich mir, dies ist genau der richtige Zeitpunkt damit anzufangen.

Es fing alles damit an, dass Katja mich fragte, ob ich nicht Lust hätte, mit nach Berlin zur „Nacht der Museen" zu kommen. Ich sagte ihr, dass ich schon Lust hätte, aber das es da ein Problem gibt: nämlich meine Eltern!!! In solchen Dingen sind sie echt Scheiße drauf. Ich hab mich dann so in die Sache hineingesteigert, dass ich unbedingt nach Berlin wollte und mich in der Lage fühlte, alles dafür zu tun. Also fing ich an, mir zu überlegen, ob ich meine Eltern einfach frage, ob ich darf. Dann erinnerte ich mich an vergangene Dinge zurück. Daran nämlich, dass ich schon oft irgendwo hin wollte und offen und ehrlich gefragt habe. Immer hörte ich ein „NEIN", „NEIN" und nochmals „NEIN". Genau aus diesem Grund fragte ich die Eltern einfach nicht, weil ich Angst hatte, sie könnten wieder „NEIN" sagen. Ich war mit hundertprozentig sicher, dass ich so eine Ansage bekommen würde. Ich musste also sagen, dass ich bei einer Freundin penne. Das war meine einzige Möglichkeit. Doch da war dann schon wieder das nächste Problem: Seitdem ich mal bei einer Freundin geschlafen habe und wir nachts noch mal weg waren (weil ich das sonst nie darf), wollten meine Eltern es immer mit den Eltern der Freundin absprechen, ob es auch wahr ist, dass ich da penne.

Da hatte ich dann eine Idee: Ich sagte, dass ich bei Claudi im Garten schlafe und das die Mutter schon da sei. So konnten die Eltern ja nicht mehr miteinander sprechen. Ich wunderte mich zwar, dass meine Eltern damit einverstanden waren, doch machte ich mir darüber keine weiteren Gedanken. Ich freute mich nur, dass nun alles glatt laufen würde, denn was sollte noch schief gehen? Dann kam der Tag! Es war der 25.08.2001. Ich hatte mich mit Katjas Mutter am Bahnhof verabredet. Die Zugfahrt war entspannend und amüsant. Als wir so gegen 18:00 Uhr am Bahnhof angekommen waren, kam uns Katja entgegen und wir fuhren zu ihrer Wohnung, um kurz auszuruhen, etwas zu trinken und Sachen abzulegen. Gegen 19:00 Uhr sind wir los. Bei der ganzen Busfahrerei und Lauferei vergaß ich total, dass ich meine Ma um 20:00 Uhr anrufen sollte. Als ich gegen 21:00 Uhr auf mein Handy schaute, sah ich, dass ich drei Anrufe in Abwesenheit hatte. Ich dachte: Scheiße, jetzt hat sie bestimmt auch schon Claudi oder ihre Mutter angerufen, die ja gar nicht im Garten war. Nun hatte ich voll Schiss, zu Hause anzurufen, riss mich dann aber zusammen. Ich rief meine Mutter an und sagte ihr, dass ich noch in der Stadt bin und wir gleich in den Garten fahren. Plötzlich meinte sie, dass sie doch lieber nicht will, dass ich bei Claudi schlafe und dass ich sofort nach Hause kommen soll. Da war ich in dem Moment so baff, so fertig mit den Nerven, dass ich einfach „Ja, bis gleich!" sagte und auflegte. Ich war völlig verzweifelt. Ich wusste einfach nicht, was ich machen sollte. Ich konnte sie doch nicht einfach anrufen und sagen: „Mutti, ich bin in Berlin!" Sie hätte mich angeschrien oder was weiß ich gemacht. Das hätte ich nicht verkraftet. Kreidebleich stand ich da und wusste einfach nicht weiter. Katjas Mutter redete dann auf mich ein, dass ich die Wahrheit sagen soll. Ich konnte aber nicht. Nach 10 Minuten rief ich dann an und sagte: „Mutti, ich hab ein Problem ..." Ich gab das Telefon Katjas Mutter weiter, die alles berichtete. Meine Mutter brachte kein Wort heraus. Sie hatte einen Schock oder so was in der Art. Nun malte ich mir aus, was passiert, wenn ich wieder zu Hause bin, doch es war mir in diesem Moment alles scheißegal. Ich machte mir keinerlei Vorwürfe. Egal, was für Folgen es hat, ich würde es überleben. Und egal, was auf mich zukommt – mein wunderschöner Tag war es wert. Es war eine geniale Nacht und wenn Katja mich noch mal fragen würde, ob ich mit nach Berlin komme, würde ich es wieder tun. Ich habe es bis heute nicht bereut und bin sehr froh, dass ich es gemacht habe.

Freunde,
ohne die kann ich
nicht leben.
Früher hing ich
meistens nur
zu Hause rum.
Freunde sind
einfach mal
Spaß,
die sind einfach
cool.
Cindy S.

Alle uniform!

Interview mit Franziska J.

Michael: Erzähl was von dir, Franziska … Man sagt, du seiest eine Plaudertasche.

Franziska: Plaudertasche! Siehste, das mag ich nicht. Man erzählt es jemanden und der erzählt es weiter. Das mag ich überhaupt nicht. Ich find' das Scheiße, du erzählst jemanden etwas und danach weiß es die ganze Klasse. Deshalb erzähle ich grundsätzlich so was nicht, weil ich Angst habe.

Michael: Wieso hast du denn da Angst? Ich meine, klar jeder findet es Scheiße, wenn er jemand etwas anvertraut und dann weiß es nachher die ganze Welt, aber…

Franziska: Ich habe es drei Mal versucht und drei Mal wurde es missbraucht. Dann macht's irgendwie Klick und man erzählt gar nichts mehr. Auch in der Familie nicht.

Michael: Du hast einen gewissen Hass auf deine Familie?

Franziska: Na ja, nicht auf die ganze. Doch auf die ganze.

Michael: Na ja, offenbar auf ein paar Leute auf alle Fälle. Auf deine Mutter?

Franziska: Ja.

Michael: Auf deinen Vater?

Franziska: Ja.

Michael: Deine Schwester?

Franziska: Ja.

Michael: Onkel und Tanten?

Franziska: Grundsätzlich nicht. Aber früher ja.

Michael: Das muss sich doch irgendwie ergeben haben?

Franziska: Natürlich hat sich das ergeben.

Michael: Was hast du für ein Verhältnis zu deinen Omas?

Franziska: Na ja, die eine ist sehr egozentrisch, sehr komisch. Und die andere ist ganz o.k.

Michael: Was heißt denn egozentrisch in deinen Augen?

Franziska: Sie sieht nur sich.

Michael:	Wie drückt sich das aus?
Franziska:	Zum Beispiel: Beerdigung. Mir geht's ja so schlecht, obwohl sie nicht mal richtig mit dem Typen verwandt war. Das war jetzt ein Beispiel, aber sie reagiert so. Und sie ist auch sehr alt.

Michael:	Meinst du so übertrieben?
Franziska:	Übertrieben.

Michael:	Aber vielleicht ist sie auch 'ne empfindliche Frau.
Franziska:	Nein, ist sie nicht. Das stimmt nicht. Glaub mir.

Michael:	Aber das ist doch noch lange kein Grund, warum du so 'nen Hass hast?
Franziska:	Weil es dafür die entsprechenden Gründe gibt.

Michael:	Die willst du mir aber nicht nennen?!
Franziska:	Du hast mich ja nicht gefragt!

Michael:	Jetzt frage ich dich.
Franziska:	Wann hat das angefangen? Vor zwei Jahren, da ist mein Vater Montag früh losgefahren, kam Freitag Abend erst wieder und dann so im Lauf der Woche waren nur meine Mutter und meine Schwester da und die waren halt nicht sehr freundlich zu mir, sagen wir es so. Dementsprechend habe ich mich dann abgeschottet, immer in mein Zimmer verzogen. Dann kam mein Vater freitags nach Hause und dann lag der auch nur das ganze Wochenende auf der Couch. Und dann kam er einmal nach Hause und meinte zu meiner Mutter: „Wir müssen reden. Ich zieh aus." Das war das ganze Gespräch. „Ich zieh aus." Und dann kam er noch in mein Zimmer und hat gefragt, ob ich mit ihm Sachen runtertrage.

Michael:	Ohne dir zu sagen, was er vorhat?
Franziska:	Ja, mehr oder weniger. Ich hab's ja mitgekriegt durch das Gespräch. Und dann ging's ja meiner Mutter so schlecht. Da hab ich dann geholfen, ein bisschen nur. Da hatte sie Probleme mit ihrem Laden, da hat sie mich fast jeden Abend vollgemotzt, wenn ich irgendwas vergessen hatte: Meerschweinchen sauber machen oder so was. War sehr interessant. Und sie dann: „Ich mache hier alles alleine und haste nicht gesehen, ba, ba und ba, ba ... Ich verstehe ja, dass sie Probleme hat, aber ich doch auch. Gott, ich kann doch nichts für ihre Probleme. Soll mich bloß in Ruhe lassen. Aber jetzt geht's langsam wieder. Langsam.

Michael:	Ich möchte gern wissen, gegen wen du konkret deinen Hass auslebst?
Franziska:	Vielleicht sind das so kleine Männchen, zwei, drei Männicken, die haben Waffen in der Hand. Die haben meist ganz viele Gesichter.
Michael:	Ganz viele Gesichter? Also wechseln die. Also auch die Leute, die dafür stehen, wechseln? Es könnten also auch Freunde sein?
Franziska:	Nein, Freunde nicht. Ich habe ja nicht so viele.
Michael:	Leute aus der Schule?
Franziska:	Ach, die Leute aus der Schule sind mir scheißegal. Habe ich dir schon erzählt, ich habe ein Tadel bekommen? Mit dem aggressiven Verhalten einem Mitschüler gegenüber? Da ist nur die Brille kaputtgegangen. Was regen die sich da so auf. Aber er hat sich schon eine neue gekauft und es ist noch keine Rechnung gekommen. Meldet der sich nicht in den nächsten Wochen, sehe ich auch nicht ein, dass ich die bezahle. Ich habe ihn nicht mal angefasst.
Michael:	Was ist denn passiert?
Franziska:	Der hat mich vollgemotzt.
Michael:	Warum hat er dich vollgemotzt?
Franziska:	Ich habe gefragt, ob ich meinen Stuhl wieder haben kann Da hat er gesagt: „Nö, halt die Fresse und so." Den Rest kann man sich ja denken.
Michael:	Hast du ihn geschubst?
Franziska:	Ich habe ihn nicht angefasst. Ich habe nur einmal gegen seine Mappe getreten. Da war die Brille kaputt.
Michael:	Was interessiert dich?
Franziska:	Kampfsportarten.
Michael:	Betreibst du Kampfsportarten?
Franziska:	Ich war nur mal kurz in einem Schnupperkurs. Aber das war, als ich in Berlin war bei 'ner Bekannten.
Michael:	Hast du keinen Bock, das mal zu machen?
Franziska:	Ich glaub' nicht, wenn ich das kann, dass ich mich unter Kontrolle halten könnte.

Michael: Vielleicht lässt du dich ja erst mal soweit schulen, dass du dich unter Kontrolle hast?!

Franziska: Unwahrscheinlich. Obwohl doch, die lernen ja als erstes Selbstdisziplin. Ich könnt's ja machen, aber wer hat das Geld.

Michael: Kannst du dich an eine schöne Sache erinnern, an die du gern zurückdenkst? Mit deiner Mutter oder Schwester?

Franziska: Nee, nicht wirklich.

Michael: Im Urlaub oder so?

Franziska: Nee, Katja war dabei. Aber wenn Katja nicht dabei war, fehlte auch immer etwas. Sagen wir mal so, mit ihr ist's beschissen und ohne sie ist's auch beschissen.

Michael: Hast du schon Vorstellungen, was du gerne nach der Schule machen willst?

Franziska: Was ich gerne werden will? Früher wollte ich immer Lastkraftwagenfahrerin werden. Und dann Architektin, das fand ich immer ganz cool mit Zeichnen und Bauen lassen. Aber da ich Architektin nicht werden kann, das werde ich nicht schaffen. Kfz-Mechanikerin. Auch wenn man danach immer dreckige Finger hat, wie mein Vater immer sagt.

Michael: Hast du das schon mal gemacht?

Franziska: Ich habe oft genug zugesehen.

Michael: Ja, aber selber gemacht?

Franziska: Nee, noch nicht. Ich stell's mir wirklich sehr lustig vor, sehr lustig vor.

Michael: Was reizt dich daran?

Franziska: Wieder eine meiner Rebellionen: Dass da so wenig Frauen drin sind. Weil ich's irgendwie cool finde. Wenn du das gelernt hast, kannst du praktisch fast dein Auto selber bauen. Das finde ich irgendwie faszinierend daran. Ich kann's ja erst mal ausprobieren, dann kann ich immer noch sagen: „Nein."

Michael: Hast du einen Freund?

Franziska: Ich hab 'nen Freund, na ja. Viele sagen, er ist nicht gut genug für mich und dass ich was Besseres verdient habe.

Michael: Aber du magst ihn?

Franziska: Ja, ich mag ihn.

Michael: Wie kommt es dann, dass du ihn nicht so richtig als eigenen Freund bezeichnest?

Franziska: Weil er 'nen Arschloch ist.

Michael: Was findest du attraktiv an ihm? Kann er gut küssen oder was?

Franziska: Ja, das auch. Ich weiß nicht warum. Er hat mich einfach von der ersten Minute an – wusch ... passiert einfach. Wenn du jemanden liebst, weißt du auch nicht warum. Du fängst an zu stottern, dann quetschste ein paar Argumente raus: „Er ist hübsch, intelligent ..." Aber so wirklich weiß man es dann auch nicht. Ich habe meine ganzen Freunde verloren! Die ganzen Proletentussen. Aber nur weil sie Proleten geworden sind, mag ich die nicht mehr. Schon Scheiße, wenn man anders denkt, als die anderen.

Michael: Ja, ich glaub, das hat manchmal zur Folge, dass man ausgegrenzt und alleine ist.

Franziska: Warum soll ich mich da anpassen. Das ist doch langweilig, das zu machen, was die anderen machen, die machen nie ihr eigenes Ding. Wenn irgendwelche Gruppenaufteilung ist.
Den einen Tag sollten wir so Berufe auswählen und dann ein Vorstellungsgespräch nachspielen. Dann die eine so: „Oh, gehst du da auch hin?! Dann gehe ich da auch hin." Wir gehen alle darein. Auch, wenn wir das nicht mögen, wir gehen da alle rein. Ich wollte auf den Bau. Herr S. hat mich nicht gelassen: „Du wirst Erzieherin, das kannst du doch so gut." Ja, ich bringe denen bei, wie man ordentlich 'ne Flasche hält oder wie man 'ne Vene abknipst. Das war jetzt als Scherz gemeint.

Michael: Hast du jemanden in deiner Klasse zu dem du hingehen kannst ohne diese „Habtachtstellung"?

Franziska: Das ist so 'nen Mittelding. Mit einigen sieht es ganz gut aus. Sind halt alles Arschlöcher. Hat sich so nach der Zeit alles rausgestellt. Früher hatte ich ganz viele Freunde, dann wurden es immer weniger. Und irgendwann war ich dann ganz allein. Jetzt bin ich glücklich.

Michael: Jetzt bist du allein und glücklich?

Franziska: Es geht mir besser. Viele Freunde, viele Probleme. Keine Freunde, keine Probleme. Aber paar habe ich ja auch. Ein paar muss man ja auch haben. So alleine kann man nicht mehr. Ja, so ist das.

| Michael: | Wie stellst du dir dein Leben in den nächsten 10 Jahren vor? |
| Franziska: | Schulabschluss, versuchen den besten zu erwischen. Wenn es gut klappt, weiter machen, das was Katja so macht: Abitur, vielleicht auch Studium, aber nur wenn ich es schaffe, so gut zu werden und wenn ich es auch halten kann. Dann werde ich Kfz-Mechanikerin. |

| Michael: | Willst du hier in Magdeburg bleiben und deine Ausbildung machen? |
| Franziska: | Weiß ich noch nicht. Bin auch kein Mensch, der so plant. Am besten wäre natürlich ein perfektes Leben, aber das hat, glaub ich, keiner. Wäre auch langweilig. Stell dir vor, alle würden den gleichen Geschmack haben. Dann wären wir alle uniform! |

GESPRÄCH

VERSCHIEDENE MEINUNGEN TREFFEN SICH,
EINE SACHE VERBINDET SICH
MAN FINDET SICH.

Welche Farbe hat Langeweile?

Nazibraun. Jeder tut immer irgendwas.
Der eine findet's spannender als der andere.
Matthias

Langeweile gibt es nicht!
Es gibt nur schlafende Gemüter!
Micha

Viele bunte Farben im Fernseher!
Anonym

Wie die Farben des „TU WAS DAGEGEN"?
Patrick

Langeweile ist für mich, einfach nicht zu wissen,
was man machen möchte und auch die Faulheit,
irgendwas zu tun.
Aileen

LilaBlassBlauGrün...
Bianca

Alle Farben sind schön.
Man muss sie nur gut kombinieren.
Aus jeder Farbe kann man was machen!
Cindy

SCHWARZ, denn Langeweile hat keine Farbe,
sondern einen TON!
Denn alle Farben zusammen ergeben den Ton schwarz.
Franziska

Turnier

Matthias S./Steve A.

„Uaaahhh, morgen Cindy! Steht hier was zu trinken? Ich hab Mundwüste."
Kurz nach 12:00, die Sonne lacht, also Mahlzeit.
Cindy: „He, habt ihr nicht 'nen Turnier?"
„Ja, genau. Oh Mann, na dann mal los."
Im Bus klingelt mein Telefon, mit Steve in der Hörmuschel.
„Wo bist du? Wie lange brauchst du noch? Beeile dich!"
Am Stern treffe ich Simon, welcher auf Patrick wartet. Just in dem Moment kommt er von seinen Eltern.
„Gutes Timing, alle startklar?"

...

Punkt 13:58 kommen wir an der Halle zum Stehen.
Nach dem Anmelden und Umziehen geht's gleich los ...
Kurze Runde in der Halle. 15 Minuten Aufwärmen und Motivieren.
Nun geht's an den Ball. Faires Spiel und möge der Bessere gewinnen.
10 Mannschaften in drei Gruppen, Schiris, Organisatoren, Streetworker, Sanitäter – angeheizte Atmosphäre.
Pfiff, Loooos ... hier rüber, Pass, decken, der läuft, hintermauern, drauf, schnapp ihn dir, ja super, du hast Platz, mach alleine, Schuss, Tooooooooooooooor!
Befreiendes Abklatschen, kurze Ruhe für drei Sekunden und weiter ... Achterbahn.
Der Schiri pfeift ab. Wir sind in der scheinbar leichtesten Gruppe.
Nach dem ersten, knapp gewonnenen Spiel, macht sich Optimismus breit.
Michaelis, unserem Keeper, haben wir den Sieg zu verdanken.
Er geht schnell und respektlos auf jeden Ball.
Nach 3 kreuz und quer knapp gewonnenen Spielen sind wir ...
Ja, erster in unserer Gruppe. Jetzt zocken wir um Platz 1–3.
Allgemeine Freude und kurze Pause. Habt ihr noch Bock auf ein bissel Fußball ...?!
Na ja, die Pause war viel zu lang für uns. Wir hätten gleich weiterspielen sollen, dann hätten wir vielleicht noch den zweiten Platz gemacht. Mitten im Spiel hatte sich Patrick den Knöchel verletzt und wir spielten nur noch zu viert – drei Feldspieler und ein Torwart. Schade, wir verlieren die letzten beiden Spiele. Ist ja nicht so schlimm – wir waren besser, als ich gedacht hatte. Und wir haben 'ne Menge Spaß gehabt, sonst würden wir ja auch nicht FC SPASS heißen.

Gewalt aus dem Weg gehen ...

Interwiev mit Andreas K.

Michael: Andreas, bitte erzähl von deinem Leben hier in Olvenstedt!

Andreas: Ich habe seit 1985 hier in Olvenstedt gelebt – 13 Jahre lang – bin hier zu Schule gegangen und groß geworden, habe hier meine erste Freundin kennen gelernt, erste Erfahrungen über das Leben gesammelt, erste Abenteuer erlebt und so. Jetzt wohnen wir in Stadtfeld.

Michael: Abenteuer? Kannst du das näher beschreiben?

Andreas: Ich hab mit meinen Kumpels im Olvenstedter Scheid sämtliche Scheiße gemacht, z. B. Silvester Hundehaufen in die Luft sprengen und so, Türvorleger in Brand stecken, Stinkbomben bauen, usw. Wir waren immer mit dem Fahrrad unterwegs, da hat sich das Leben auf dem Fahrrad abgespielt, in Olvenstedt überall, überall wo man hinkonnte; Baden fahren, halt was man so mit dem Fahrrad machen konnte. Dann Fahrräder selbst bauen auf dem Schrottplatz, Sperrmüll, Räder zusammenbauen ...

Michael: Wie alt warst du da?

Andreas: 7 oder 8, da ging das langsam los. Mit 5 habe ich angefangen, Fahrrad zu fahren, hab es gelernt. Und dann ging das richtig los, also bis zu meinem 9. Lebensjahr. Dann sind einige Leute weggezogen von meinen Freunden hier in Olvenstedt, dann habe ich wieder neue kennen gelernt und dann haben wir uns einen Clubraum im Keller von einem Freund einrichten lassen, haben auch an die Mitbewohner Miete bezahlt, für Strom und so was, waren dann da drin, haben auch dort geschlafen, haben auch jeden Müll drin gemacht. Wir haben da zusammengesessen, ferngesehen, Computer gespielt. Wir hatten sogar einen alten Computer drin, einen C64 war das damals noch. Wir haben halt unsere Zeit dort vertrieben, irgendwelche Streiche gespielt. Oder Fußball spielen auf dem Hof war bei uns auch immer sehr beliebt, da gab es halt immer Aufregung, da haben sich halt die Mitbewohner aufgeregt, also die Anwohner auf dem Hof, da kam damals schon die Polizei und hat uns das verboten, dass wir da Fußball spielen. Wir haben es aber trotzdem gemacht und Scheiben und so was kaputtgeschossen, dann wurden unsere Bälle immer von den Mitbewohnern geklaut. Das hat uns alles aber nicht gestört.

Später war ich dann auf dem Bauspielplatz beim Spielwagen. Da haben wir hier so unsere ersten Butzen gebaut und so, bin jeden Tag hier gewesen, und da haben wir auch immer hier geschlafen, auch mal am Wochenende 2 Tage abends hier übernachtet. Wir hatten mal eine Butze gehabt, so 2 Etagen hatte die gehabt, mit Couch und so, da haben wir mal eine Couch vom Sperrmüll mitgenommen und von Baustellen haben wir Werkzeuge und so was mitgenommen, als ich war so 13, 14. Also da sind wir auf die Baustellen und haben Styropor und alles was man noch so finden konnte mitgenommen. Da haben wir dann unsere Butze immer vervollständigt. Irgendwann kam das dann mal raus, einige von meinen Kumpels damals, die wurden erwischt, zum Glück, wo ich nicht dabei war. Und irgendwann habe ich mir so gesagt „Eigentlich ist das für'n Arsch, was machst du da eigentlich, steigst da irgendwo ein – nein, das machst du nicht mehr."

Mit 14 ging das Rauchen los, in Hermannshagen das erste Mal besoffen gewesen, das erste Mal mit einem Mädel rumgeknutscht. In Hermannshagen habe ich das Größte erlebt, Freunde von außerhalb kennen gelernt. Und so.

Michael: Wie war das denn so mit der Schule?

Andreas: Na ja, 91 eingeschult worden, die ersten vier Jahre, na ja, das heißt, das erste Jahr habe ich noch Lust dazu gehabt, wie es normal ist eigentlich. Und dann ging es los, keinen Bock mehr und so. Bis zur vierten Klasse habe ich nie einen Eintrag gekriegt und auch keine 6 gehabt, und kaum war ich in der 5. Klasse, gab es die erste 6 und den ersten Eintrag. In der 6. Klasse dann haben wir unsere Musiklehrerin übelst geärgert auf dem Hof, in der Hofpause. Und das hat ihr halt nicht so gefallen, verständlich, und da gab es dann zwar keinen Verweis, aber da mussten alle Leute, die daran beteiligt waren, mit ihr dasitzen und mit der Direktorin und allen Eltern. Da wurde sich dann darüber unterhalten und so, was wir alles für Scheiße gemacht haben und ob wir es eingesehen haben oder ob doch eine Schulstrafe sein muss. Und wir haben dann alle gesagt, natürlich haben wir eingesehen und das ist kein Thema, das machen wir nie wieder, aber das haben wir eigentlich auch bloß gesagt, damit wir keine Schulstrafe kriegen. Jedenfalls danach ging es wieder los. Aber wir haben es halt nicht mehr so doll darauf ankommen lassen. In der siebten Klasse da wurde es mit der Schule immer schlechter, immer ein bisschen mehr abgesackt halt und das ging dann immer so weiter, weil ich brauche immer so Anschiss von meinen Eltern, anders geht das irgendwie nicht. Von irgendwem muss ich sowieso immer einen Anschiss kriegen. Irgendwer muss mir immer ein bisschen einen Ansporn geben, damit ich das auch tue, weil ich bin ein sehr fauler Mensch, kann man so sagen. Jetzt bin ich in der 10., dieses Jahr fertig, endlich, Gott sei Dank. Und dann mal gucken, was weiter so ist, das Berufsleben, was das bringt.

Michael: Weißt du schon, was du machen möchtest?

Andreas: Ich will Kfz-Mechaniker werden oder Flugzeugstriebwerksmechaniker. Ich hab da noch keine feste Lehrstelle. Die haben schon ihre Eignungstests gehabt und Vorstellungsgespräche, aber bis jetzt nur außerhalb von Magdeburg. Unbedingt weg will ich halt nicht, aber was soll man machen, wenn es einen wegzieht, muss man halt weg.

Michael: Wie ist dein Verhältnis zu deiner Familie, zu deinen Eltern, hast du Geschwister?

Andreas: Ja, ich habe eine Schwester, die ist 21, wohnt in Berlin, ist Polizistin, hat einen Freund, der ist BGS-Beamter, Bundesgrenzschutz. Da bin ich eigentlich auch relativ oft. Früher war das Verhältnis zu meiner Schwester ... da konnten wir uns eigentlich kaum leiden, haben uns bei allem verpetzt, wo es nur ging, egal, was es war, aber mittlerweile sind wir ein gutes Team geworden, weil man sieht sich nicht oft, wenn man sich wochenlang nicht sieht, freut man sich halt. Man mag sie halt mehr, als früher. Das ist ja normal. Ein bisschen zanken und so. Aber heute ist es eigentlich relativ gut.

Das Einzige, was mich an meinen Eltern stört; meine Mutter hat sich halt ein bisschen pingelig, sie hat relativ viel Angst um mich, wegen Olvenstedt hier und so, ist ja auch verständlich. Ich habe auch öfter hier schon Probleme gehabt, mit Nazis und so. Ich verstehe das, aber ich finde, sie hat sich ein bisschen affig. Ich weiß schon, wo ich hingehen kann und wo ich nicht hingehen kann und wo ich aufpassen muss. Das will sie halt bloß nicht ganz verstehen. Aber es ist verständlich, sage ich mal, macht sich halt ein bisschen Sorgen. Mein Vater, na ja, eigentlich bin ich mehr so ein Mutterkind, ich fühle mich zu meiner Mutter irgendwo ein bisschen mehr hingezogen, als zu meinem Vater. Mit der komme ich auch besser klar, weil mein Vater mir nichts erlaubt, er erlaubt mir eigentlich das gleiche wie meine Mutter, aber meine Mutter hat sich eigentlich bei Sachen wie Schule und so, nicht so affig. Wenn es da mal ein bisschen Stress gibt. Sie macht sich immer Sorgen halt, wenn es um Gewalt geht und so. Mein Vater, na ja was soll man sagen, der hat zwar damals auch Blödsinn gemacht, aber der mag das nicht so, dass ist nicht ganz so toll.

Michael: Und mit deiner Mutter kannst du da offener reden?

Andreas: Ja, mit der kann ich offener reden. Mit meinem Vater rede ich zwar auch, aber ich rede lieber mit meiner Mutter. Auch wenn ich irgendwas haben will, frage ich lieber meine Mutter.

Michael: Erzählst du deiner Mutter alles? Oder ist es eher dann, wenn sie wirklich was wissen will?

Andreas: Ich sehe meine Eltern, wenn ich von der Schule komme, eine Stunde, und abends halt. Zum Abendbrot sitzen wir zusammen, erzählen. Sonst bin ich meistens in meinem Zimmer, höre meine Musik. Wir sehen uns eigentlich immer bloß zum Essen und wenn sie in mein Zimmer reinkommt. Selbst dann nicht. Meinen Eltern erzähle ich nicht allzu viel. Ich weiß nicht, warum, aber wenn es etwas zu erzählen gibt, dann eher meiner Mutter.

Michael: Was für Probleme hattest du hier mit Rechtsradikalen?

Andreas: Denen haben meine Haare und meine Einstellungen nicht gefallen. Ich habe kein Problem damit, wenn ihnen das nicht gefällt, aber wenn man es nicht akzeptieren kann oder wenn man es nicht akzeptieren will, dann soll man es halt sein lassen, aber man soll nicht gewalttätig werden und anderen nicht gleich aufs Maul hauen. Da hat man nichts davon.

Michael: Hast du dich mit denen prügeln müssen? Oder wurdest du von denen mal verprügelt?

Andreas: Verprügelt wurde ich nur einmal so halb, aber sonst eigentlich bloß immer aufs Maul gekriegt. Halt nur eine ins Gesicht gehauen und dann, weil ich bin so ein Mensch, eigentlich gehe ich jeder Gewalt mit Leuten aus dem Weg. Ich provoziere es halt nicht unbedingt. Ich provoziere sie halt mit dem bloßen Dasein. Sie wissen, wie ich denke und so, und damit reicht mir das. Also so mit dem Aussehen irgendwo. Aber so hingehen und die voll labern, das würde ich nicht machen. Da bin ich auch nicht so scharf drauf. Wenn sie halt ankommen, probier ich es immer noch, friedlich zu klären, wenn es geht. Wenn es keine andere Möglichkeit gibt, dann zack, weg bin ich, also ich renne dann lieber.

Michael: Was bedeuten deine Freunde für dich?

Andreas: Meine Freunde sind für mich einerseits irgendwo das Wichtigste, ohne Freunde, kann ich mir nicht vorstellen irgendwo was zu machen, weil ich bin so ein Mensch, der muss immer irgendwie beschäftigt sein, der muss immer irgendwas machen können. Egal, was es ist, auch wenn es bloß mal Dasitzen und Labern ist, aber immer den Bezug zu Menschen. Den ganzen Tag zu Hause sitzen könnte ich nicht, das wäre das Schlimmste für mich. Ich muss immer raus an die frische Luft, meine Leute treffen und quatschen, auch wenn es bloß quatschen ist, aber ich muss mit denen zusammen sein. Freunde geben mir irgendwo das Gefühl, irgendwo zu sein, zu wissen, wo ich erwünscht bin.

Michael: Hast du irgendwelche Hobbys?

Andreas: Musik hören ist mein größtes Hobby, auf Parties gehen oder so, tanzen halt. Fußball spielen mache ich auch gerne, Gitarre spielen, da bin ich immer noch dabei, das zu lernen, was mir auch Spaß macht, wir wollen eine Band gründen. Und PC ist auch ein Hobby von mir. So sitzen und irgendwas machen, einfach mal so.

Michael: Was hast du so für Hoffnungen, Träume und Wünsche für die Zukunft?

Andreas: Wünsche, sage ich mal, dass unsere Band klappt, dass ich einen vernünftigen Job kriege, erst mal eine Lehre, besser gesagt, irgendwann mal eine Frau und Kinder, na, später ein stinknormales Leben haben. Aber erst später, weil ich mich noch nicht so richtig ausgelebt habe. Wenn ich dann sage, so, jetzt habe ich die Schnauze voll, jetzt mache ich ruhig und dann ist erst die Familie mal dran, dann irgendwann – später.

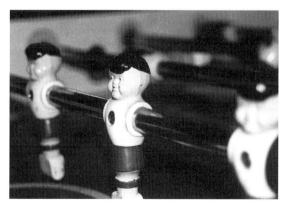

DEM
FUßBALL VERPASS
ICH DEN DRALL,
ICH LIEB IHN AUF
JEDEN FALL.

Schule
& Ausbildung

Im Moment ist es wirk-
lich meine größte Angst,
nach der Ausbildung sit-
zen zu bleiben, keinen
Job zu haben und echt
so, dass dann dieses Ar-
beitslose kommt. Dass
ich dann wirklich mit
dem Arsch zu Hause sit-
ze und kriege immer
schön mein Arbeitslosen-
geld und hab gar keine
Lust mehr, arbeiten zu
gehen.

Daniela D.

SCHULE PRÄGT FÜR DAS LEBEN?

Mehr oder weniger!!!
Tadel und Verweise schon!
Franziska

Eine Menge Erfahrungen.
Schule ist Leben.
Matthias

Find ich auch,
denn Schule bereitet einen auf das Leben (nach der Schule) vor.
Ich finde, ich hab viel in der Schule gelernt.
Ich finde, es reicht.
Bianca

Ja, glaube schon,
wenn man z. B. beim Rauchen erwischt wird und
den ganzen Schulhof fegen muss.
Cindy

Ja, ist 'ne super Institution,
aber das weiß ich erst,
seitdem ich freiwillig lerne.
Patrick

Klar, sehr.
Aber man kann die Schäden mit
viel Mühe wieder beheben.
Anonym

SCHULE
WANN? MONTAG!
ACH NÖ: WIESO
HAB DOCH KEINE LUST.
ÜBERREDET!

Ich finde schon.
Man lernt sich eine Zukunft
aufzubauen und das ist wichtig.
Aileen

Ein langer Prozess

Interview mit Patrick S.

Michael: Welche Dinge waren dir in den letzten 20 Jahren besonders wichtig?

Patrick: Wichtig war für mich, dass ich meinen Realschulabschluss geschafft habe, davor hatte ich eigentlich immer Schiss, dass ich das nicht so packe. Ja, im Endeffekt war es ein ganz lockeres Ding.

Michael: Hattest du Probleme in der Schule gehabt?

Patrick: Ja, in der Grundschule in Mathe wäre ich beinahe sitzen geblieben. Da hat mich mein Vater mehr oder weniger gezwungen. Hatte ich schon ein bisschen Angst davor. Also, er hat richtig Fernsehverbot und alles so angewendet. Ich stand auf vier. Nee falsch, auf fünf.

Michael: Hattest du keinen Bock gehabt oder ...?

Patrick: Ich habe einfach blockiert bei den Rechnungen. Mein Vater hat das aber nicht einsehen wollen und da hat er sich Zeit genommen und hat mir das beigebracht. Und wo ich das dann so ein bisschen drauf gehabt habe, kam ich damit auch alleine klar und habe aus der fünf 'ne vier gemacht und bin auf die Realschule gekommen. Sonst hätte ich auf der Grundschule bleiben müssen. Das war ein wichtiger Punkt, ob du gleich zur Hauptschule weitergehst oder ob du nach der Grundschule gleich zur Realschule weitergehst. Das ist ein wichtiger Faktor eigentlich. Genauso, ob man nun aufs Gymnasium geht oder nicht.

Michael: Hast du das damals so empfunden?

Patrick: Was?

Michael: Dass das so wichtig war.

Patrick: Die Schule, ja.

Michael: Vor was hast du so richtig Angst gehabt?

Patrick: Vor meinem Vater, ja. Aber ich wusste ja auch selber, dass es total wichtig ist, weil ohne Job ... Aber das sieht man so früh noch nicht. Ich würde sagen, dass ist eher die Ansicht von heute, dass das so wichtig war. Hätte mein Vater mich nicht so rangezogen und gezwungen dazu mit Stubenarrest und bla, bla, bla. Immer mit Kontrolle und so. Danach habe ich freiwilligerweise gelernt, jeden Tag ein bisschen, wie ich's brauchte. Auch zur Prüfung habe ich nicht soviel gemacht. Im Endeffekt war es ganz gut. Ich habe nur eine vier gehabt und das war in Mathe. Ansonsten habe ich ein ganz gutes Zeugnis. War zwar nur der Realschulabschluss, kein erweiterter, dazu war ich zu faul. Dazu habe ich echt zu wenig gemacht.

Michael: Was hast du denn sonst so gemacht außer Schule? Warst du mit irgendwelchen Freunden unterwegs?

Patrick: Natürlich ja. Ich weiß nur, dass ich erst mit 12 Jahren angefangen habe, Fußball zu spielen. Davor habe ich relativ wenig Sport gemacht. Und bin eigentlich nur mit Kumpels rumgezogen und habe irgendwelche Dummheiten, Faxen gemacht.

Michael: Was denn zum Beispiel?

Patrick: Was weiß ich. War auch schon mal dabei, dass wir in Laden gegangen sind und haben ein bisschen Dallerei gemacht, irgendwas Buntes, Süßes geklaut. Irgend 'ne Scheiße. Haben irgendetwas angezündet. Und ein bisschen Fußball rumgebolzt. Aber das war noch nicht richtig, nur so. Mit 12 bin ich dann jeden Tag Fußballspielen gegangen, da gab es für mich nichts anderes mehr. Drei Jahre lang.

Michael: Wie ist denn das Verhältnis zu deinen Eltern?

Patrick: Jetzt. Super.

Michael: Und damals?

Patrick: Bescheuert. Beschissen. Darum bin ich auch ausgezogen.

Michael: Wie war denn das? Kannst du mir das mal erzählen, wie es dazu gekommen ist?

Patrick: So lange ich denken konnte, wollte ich eigentlich ausziehen. Mir war es zu eng. Vom Raum zu eng und von der Freiheit zu eng. Zum Beispiel wenn ich von der Schule kam und wollte mich mal ins Bett legen, ja aber da war denn noch der Eimer, der war voll und dann war noch nicht gesaugt. Ich sollte damals jeden Tag saugen, ich weiß auch nicht, warum. 'ne gute halbe Stunde die Wohnung saugen.

Michael: Hast du noch Geschwister?

Patrick: 'ne Schwester.

Michael: Wie alt ist sie?

Patrick: 24 Jahre ist sie jetzt. Die wohnt jetzt wieder bei uns. Die war ein Jahr in Amerika. Zieht aber auch bald wieder aus, sobald sie wieder 'ne Arbeit hat.

Michael: Und deine Mutter, was hat die so gemacht?

Patrick: Die hat gearbeitet. Viel gearbeitet.

Michael: Welche Ausbildung hast du begonnen?

Patrick: Habe mich beworben und wusste, wenn ich 'ne gute Ausbildung kriege, wo ich dementsprechend verdiene, dann kann ich ausziehen. Und ich wusste, dass das auf dem Bau gut geht. Ich wusste, dass ich nie ins Büro wollte. Eher was Handwerkliches. Dann hat das da geklappt mit der Ausbildung. Dann habe ich drei oder vier Monate gearbeitet und bin dann ausgezogen. Ich habe das meinen Eltern vor den Kopf geknallt. Das war ein langer Prozess. Das war schon lange ein Wunschtraum, eigene Wohnung, eigene Wände. Halt mal anfangen zu leben. Es war ideal, dass das Geld so kam. Miete war auch nicht so teuer. Ich bekam dafür noch das Kindergeld von meiner Mutter. 600 DM war nicht viel, aber ich kam klar, weil ich klarkommen musste und dann ging das. Der Hauptgrund warum ich ausgezogen bin, war familiär: kein Platz, keine Ruhe, keine Entfaltung. Nur immer Pflichten, Pflichten, Pflichten.

Michael: Hast du dir die Wohnung selber gesucht oder wie war das?

Patrick: Meine Mutter hat mir die gesucht, weil sie auch wusste, dass ich unbedingt raus will. Und hat mir auch zugetraut, dass ich das auch schaffen würde, weil ich den Willen dazu hatte. Das hat sie mir sicherlich auch angemerkt und probieren kann man das immer, wenn's nicht klappt, klappt es nicht. Dann ziehe ich eben wieder zurück. Mein Vater hat immer gesagt: „Schaffst du sowieso nicht." Jeder hat halt seine eigene Meinung.

Michael: Wolltest du unbedingt Maurer werden? Hast du es nur wegen des Geldes gemacht?

Patrick: Anfangs schon, ja. Dann habe ich den Meister, den Menschen da, gehabt, der hat auch gleich am Anfang gefordert. Da habe ich gemerkt, hier kannst du nicht gammeln. Wenn du dein Geld verdienen willst, musst du auch was machen. Irgendwann habe ich dann 'ne richtige Leidenschaft für den Beruf gehabt. Für den ganzen Arbeitsablauf und dass es so ein enges Verhältnis war, nur mein Meister und ich. Und kein anderer. Bei jedem kleinsten Fehler hat er sich übelst aufgeregt und so. Wenn man halt unkonzentriert war und schlampig, da war er total krass. Man hat halt gemerkt, aus welcher Zeit er kam. Er wurde selber so auch erzogen. Wir haben viel erzählt zusammen. Ich habe ihn auch mal zu Hause besucht, weil wir ein ziemlich gutes Verhältnis aufgebaut hatten. Bis er dann irgendwann krank war und nicht mehr da war. Aber dann habe ich ja die Berufsrichtung gewechselt, raus aus dem Betrieb.

Michael:	Kannst du das noch mal erzählen, warum du deine Ausbildung zum Maurer nicht zu Ende gemacht hast? Warum du gewechselt hast?
Patrick:	Maurer nicht. Das war Betonfertigteilbauer in Fachrichtung Terrazzo und Naturstein für Sonderanfertigungen. Ich war dann drei Tage auf Arbeit und dann ist der Unfall passiert. Da hat sich das dann erübrigt gehabt mit dem Internat. Weil ich kein Bock hatte auf dieses Internat. Das war eben Glück. Das war eben die positive Seite an dem Unfall, ich brauchte nicht mehr in diese beschissene Internat.

Michael:	Kannst du mir deinen Unfall noch mal genauer beschreiben?
Patrick:	Naja, wir mussten mit Betonmischer Formen füllen. Wir hatten ziemlich Stress, mussten uns beeilen. Da habe ich dann blöderweise mit so 'ner kleinen Kelle aus dem Betonentlader noch Mische geholt, weil die Formen noch nicht ganz voll waren. Da war ich dann mit meinem Arm im Gerät. Und dann der Arbeitskollege neben mir, meinte so zu dem Fahrer, der die Maschine geführt hat, dass es reichen würde, hat aber nicht gesehen, dass ich mit meinem Arm da drin war. Und er schreit dann so: „Gut!" Und ich denke mir dann so: „Gut, was?" Ziehe schnell meine Hand raus und in dem Moment war die Klappe auch schon zu und hat mich noch erwischt. Ich war dann völlig perplex und hab erst mal gedacht, meine Hand ist ab. Ich habe dann den Handschuh ausgezogen, habe mir das angeguckt. Dann saß ich da und stand völlig unter Schock. Habe geschrien wie ein Blöder. Ich habe die ganze Zeit meine Hand gehalten, war völlig fassungslos und dachte natürlich: Jetzt ist es vorbei. Jetzt habe ich keinen Job und keine Hand mehr. Ich bin davon ausgegangen, dass sie mir die Hand abnehmen. Es kam sofort ein Krankenwagen an, war sogar Hubschrauber in der Luft, aber der Krankenwagen war schneller, deshalb brauchte der Hubschrauber auch nicht landen. Dann haben sie mich auf die Trage gelegt und in den Krankenwagen gepackt. Dann habe ich gezittert und die haben auch schon alle so komische Gesichter gemacht, die Mediziner da. Wenn die schon so gucken, denkst du: Na ja alles klar, es besteht nicht mehr viel Hoffnung. Dann wollten sie mir erst mal 25 ml Morphium spritzen, und da ich so gezittert habe, haben sie dann beschlossen, dass sie die doppelte Menge machen. Der Arzt meinte nur so zu mir: „Wird gleich ein bisschen anders im Kopf!" Es wurde warm und ich habe mich beruhigt. Ich fand es einfach genial, dass es so was gibt. Dass sie das technisch und medizinisch so anwenden können. Das ist echt genial.

Michael:	Wie alt bist du jetzt?
Patrick:	19 Jahre.

Michael: Hast du einen besonderen Traum?

Patrick: Ja, sicherlich. Ich möchte auch noch mit 50 noch gut drauf sein. Ich möchte mich bewegen können. Ich möchte fit sein. Ich möchte nicht dick sein. Ist egal, wie viele Falten ich habe, aber ich möchte fit sein und ich möchte noch im Kopf jung sein. Und mehr im Jetzt leben als in der Zukunft oder in der Vergangenheit, weil, das ist das, was am meisten Spaß macht. Und vielleicht 'ne finanzielle Absicherung. Man möchte ja seinen Lebensabend nicht unter der Brücke verbringen.

Michael: Was bedeuten dir Freunde?

Patrick: Freunde. Wichtig, ohne Ende, eigentlich. Wichtiger als alles andere. Diese Vorstellung, du kommst nach Hause und es ist keiner da, den ganzen Tag nicht. Das wäre für mich überhaupt nichts. Ohne Freunde ist das Leben nichts. Manchmal sind die Freunde noch an erster Stelle vor der Familie. Da hat man in seinen Freunden die Familie gefunden.

Im Moment ist mir am wichtigsten, das ich meine Schule mit guten Noten beende. Dadurch, dass ich backen geblieben bin und die Schule gewechselt habe, ist mir klar geworden, dass ich mich jetzt anstrengen muss und mich nicht so hängen lassen darf. Bis jetzt habe ich mich sehr verbessert und die Schule macht mir jetzt mehr Spaß als vorher. Ich hoffe das dies auch so bleiben wird und ich vielleicht später mal eine gute Arbeit finde die mir Spaß macht.

Aileen S.

Kurz & knapp

Interview mit Andy R.

Michael: Bitte stelle dich kurz vor!

Andy: Mein Name ist Andy, 18 Jahre alt, bin Deutscher, Magdeburger, Olvenstedter, Ummendorfer.

Michael: Was treibst du zur Zeit?

Andy: Zur Zeit nichts, normalerweise arbeite ich auf dem Ziegenhof in Ummendorf.

Michael: Wie kamst du dazu?

Andy: Durch Florian, der sein Freiwilliges Ökologisches Jahr auf dem Bauspielplatz gemacht hat. Ich wurde bei dieser Stelle in Magdeburg abgelehnt und musste mich in Halberstadt für das FÖJ bewerben.

Michael: Was umfasst dein Tätigkeitsfeld?

Andy: Trecker fahren, Melken und Füttern der Ziegen, diese auch treiben, Moped fahren, alle sonstigen Arbeiten, die auf so einem Hof anfallen.

Michael: Wie sieht die Arbeitszeit aus auf so einem Hof?

Andy: Von 8.00 bis 12.00 Uhr dann wieder von 18.00 bis 21.00 Uhr.

Michael: Was bleibt dir dort in deiner Freizeit an Möglichkeiten?

Andy: Reiten, Moped fahren, Bier trinken, Computer spielen, spazieren gehen und Tiere streicheln.

Michael: Was ist das nächste Highlight in deiner Arbeit?

Andy: Lämmerzeit und Heuernte.

Michael: Hast du Zukunftspläne hinsichtlich deines jetzigen Arbeitsfeldes?

Andy: Ich hab vor, Landwirt zu werden.

Mein Ziel ist es, endlich meine Ausbildung zu beenden und im Juli eine Tour als Jugendgruppenbetreuerin mitmachen zu können. Danach würde ich gerne ein Freiwilliges Soziales Jahr machen. Hoffe, dass das alles so klappt.

Cindy

WELCHEN BERUF ICH AUSÜBE, IST VÖLLIG EGAL – HAUPTSACHE, DIE KOHLE STIMMT.

Geld regiert die Welt. Möchte gern den Beruf tätigen, den ich mir wünsche.
Egal, wieviel Geld ich dafür bekomme.

Steve

Scheiß auf Kohle. Wenn der Job Spaß macht, ist das alles.
Ich brauch nix, jedenfalls nicht viel. Was hab ich von Materiellem?
Patrick

Der Beruf muss mir Spaß machen, mehr nicht.

Franziska

Man muss den Beruf lieben, Spaß dran haben,
sonst hat man absolut keinen Bock drauf!
Jeden Morgen könnte man kotzen, wenn man einen Beruf ausübt,
den man einfach Kacke findet.
Cindy

Der Beruf muss das Leben lebenswerter machen – geistig und materiell.

Matthias

Ich weiß zwar noch nicht, was ich werden will, aber ich weiß, wie er
nicht sein sollte.
Die Kohle ist mir egal, Spaß muss es machen.
Bianca

Ich finde, man muss schon Spaß an der Arbeit haben,
sonst fühlt man sich dort auch nicht wohl.

Aileen

Der Beruf muss eine Vielzahl von
Lebenserfahrungen möglich machen.
Anonym

Ist total Asche.
Ein Job muss eine Herausforderung darstellen, woran ich wachsen kann,
aber gutes Geld möchte ich irgendwie auch verdienen.

Anonym

Wer will das schon?

Text von Patrick S.

Ja, ja, mein Meister, das war schon 'ne Type, sag ich dir.
Mit seinen 60 Jahren war er ein stets unter Alkoholeinfluss stehender Mann und Meister seines Faches. Unkündbar und sehr wichtig. Dementsprechend hat er sich auch benommen. Ungeheuerähnlich, kann man sagen. Man muss ihn sich ungefähr so vorstellen: ein Meter und fünfundsiebzig groß, dick, aber nicht fett, graue Haare, Brille und einen großen runden Bierbauch. Und ein Gesicht, das furchterregend war und dem eines Wildschweines ähnelte. Die Hauer waren in seinem Gebiss auch vorhanden, sie wurden immer gut sichtbar, wenn er mal wieder mit den Kollegen feierte und sie um die Wette lachten. Kaum einer war da nüchtern, außer ich, denn ich war ja Lehrling und durfte nie. Aber besser so.
Am ersten Arbeitstag beim Terrazzobau durfte ich acht Stunden lang hinter der Halle Unkraut jäten, in der wunderbaren Augustwärme und vor dem Rauchen hat er mich zum Glück bewahrt, indem er es mir deutlich untersagt hat. Er roch es auch sofort, wenn ich seine Anweisung mal vergessen hatte. Ich fragte auch gleich nach dem Grund des Unkrautjätens, worauf mir erklärt wurde, dass dies dem Zwecke der Ausbildung meines Charakters dient und ich froh sein sollte, heute mal Unkraut jäten zu dürfen. Alles klar, dachte ich mit einem Grinsen und sagte, dass ich gespannt wäre, was da noch kommt. Am zweiten Tag fragte er mich, ob ich eine Staublunge haben will. Häähh? Ja, eine scheißbeschissene Silikose, wo am Ende nur noch ein erhärtetes Stück zwischen den Rippen hängt. Nee, so was will ich natürlich nicht, wer will das schon? Niemand! Tja, mein Kleiner, sagte Meister Gerhardt, dann musst du ja wohl jetzt deine Papiere holen und brauchst morgen nicht mehr wiederzukommen. Das war nun nicht grade fair, aber wahr und ich bin dann auch geblieben, weil man eine Ausbildung und ein festes Einkommen ja nicht so einfach wegschmeißt. Nicht für eine Staublunge und sonstige Gefahren. Irgendwann, Mitte meiner Lehre, war er dann erkrankt. An was wohl! Ischias, vierzig Jahre dieser Beruf, was soll man da erwarten. Seitdem hat er sich nur noch ab und zu blicken lassen, um mir Hilfe bei meinen Problemen zu leisten. Er soll jetzt sogar noch mehr trinken als vorher, was ich ihm bestimmt auch nie wirklich anmerken würde. Er brauchte diese Scheiße, um zu funktionieren. Er hätte bestimmt einen Kollaps gekriegt, wenn es auf einmal kein Bier mehr gegeben hätte. Aber dazu war ja so ein komischer Schlosser da, der ihn praktisch immer beliefert hat, palettenweise. Zwölf bis vierzehn Büchsen am Tag (Arbeitstag!).

Das größte Glück für mich war, dass mein alter Schulkumpel Matze auch in diesem Betrieb angestellt war und somit die meiste Zeit erträglicher wurde. Und wenn es nur mal ein Flachs zwischendurch war oder ein längeres Gespräch. Einmal hab ich beim Schalungsbau Hilfe gebraucht und ich war richtig glücklich darüber, dass außer Matze kaum Leute im Betrieb da waren. Wir waren alleine, schmissen die Mucke an, wechselten von Heimatmelodie zu Chartspop und bauten einen Joint von allerfeinstem Weed und waren kurz darauf ziemlich high. Wir lachten und feierten neben dem Arbeitsgeschehen. Doch plötzlich kam der Betriebsleiter mit dem komischen Schlosser herein und er sah uns schon von weitem herumfeixen. Das wurde aber nicht zum großen Problem, wir arbeiteten normal weiter. Es hat noch leicht nach Gras gerochen, aber die einzige Droge, die der Leiter kannte, war wahrscheinlich Kokain. Was weiß ich. War eine Zeit, die ich im Nachhinein nicht missen will, aber zum Glück hatte ich dann den Arbeitsunfall. Denn, wie heißt dieses Sprichwort noch mal: Man soll gehen, wenn es am schönsten ist!?

Ich kann nicht singen. Jedenfalls nicht die Lieder,
die wir im Unterricht behandeln, z. B. „Dona nobis pacem".
Als ich mich weigerte zu singen, hat mich meine Musiklehrerin
übelst lange belabert, bis ich mich dann entschlossen habe
doch zu singen. Im Nachhinein meinte sie dann,
dass wir ja beide wissen, dass es sich total grausam angehört hat.
Doch sie meinte, der Text war okay und gab mir ’ne 3.

Bianca

Eltern & Familie

Ich freue mich, morgens aufzuwachen und meinen Vater grinsen zu sehen … Nach einem Kaffee, Frühstück mit Eiern und Marmelade, dreh ich mir 'ne Tüte und male ein Blatt voll mit Wörtern und Dingen, die mir durch den Kopf schießen. Papa kommt nach hinten und hat Lust auf Schach. Verlieren werde ich bestimmt, aber mit 'nem Grinsen.

Matthias S.

Manchmal gab es ganz schön Krach ...

Interview mit Daniela D.

Michael: Erzähl von dir, woran du dich so erinnern kannst in den letzten Jahren.

Daniela: Also, ich bin 21, heiße Daniela, wohne in Olvenstedt seit 87, glaube ich, bin hier in die Schule gegangen, die ganzen 10 Jahre durch. Danach das Jahr habe ich ein Kind gekriegt, habe ein Jahr Erziehungsurlaub gemacht und habe dann eine Ausbildung als Kauffrau im Einzelhandel angefangen, die ich jetzt bald abschließe.

Michael: Hast du Geschwister?

Daniela: Ja. Ich habe einen Bruder, der ist 18, eine kleine Schwester, die ist 6. Also mein Bruder wohnt jetzt in Buckau, der kommt nicht mehr hierher. Ja, meine Mutter ist vor kurzem nach Buckau gezogen und mein Bruder hat sich da eine eigene Wohnung genommen. Meine Mutter ist jetzt wieder zurück nach Olvenstedt, aber er ist dageblieben.

Michael: Und dein Vater?

Daniela: Mein Vater wohnt auch hier in Olvenstedt, also meine Eltern sind geschieden, schon seit 94. Und der wohnt jetzt hier auch in Olvenstedt.

Michael: Wie war das, als du zur Schule gekommen bist, kannst du dich daran noch erinnern?

Daniela: Ich weiß noch, früher war ich gern im Hort, den gab es irgendwie freiwillig, ich weiß gar nicht, ob das damals Pflicht war. Ich habe meistens bis um 5 mit in der Schule gesessen, in dem Hort da, weil ich es immer schön fand, mit anderen Leuten rumzusitzen.

Michael: Wie war das mit deinen Klassenkameraden und in der Schule überhaupt, hat es dir gefallen?

Daniela: Ja. Klar. Also besonders die letzten Jahre, fand ich gut. Na, bei uns kam der Klassenzusammenhalt auch erst das letzte Jahr auf der Klassenfahrt, das war Italien, aber ansonsten, doch, ich finde, es hat schon was gebracht.

Michael: Inwiefern?

Daniela: Na auch so mit anderen Leuten, also andere Leute kennen lernen, und ich war damals in vielen AGs, und wir haben uns dafür eingesetzt, dass die Schule die Tischtennisplatten kriegt und die Basketballkörbe und so. Also, es war schon ganz interessant.

Michael: Was für AGs waren das? Was hast du denn gemacht?

Daniela: Na, wir sollten für die Stadt, für irgendein Amt, das Schulhaus nachbauen, und sollten unseren Schulhof so gestalten, wie wir den gern hätten. Und das war damals unsere AG, wir haben das gemacht und sind dann damit zum Landtag gefahren, haben das vorgestellt, und 2 Jahre später haben sie es dann gekriegt. Da waren wir zwar nicht mehr da, aber die Schule hat es dann noch gekriegt.

Michael: Du hast gesagt, nachdem du mit der Schule aufgehört hast, bist du gleich Mutter geworden.

Daniela: Ja. Es war nicht geplant. Na, im Juni bin ich aus der Schule raus, dann habe ich mich um eine Lehrstelle beworben, wurde aber immer abgelehnt. Da wollte mich keiner. Ein Vorstellungsgespräch hatte ich. Und dann wollte ich mich ab August in einer Schule anmelden, dann wusste ich aber schon, dass ein Kind kommt, und das war dann nicht ganz so günstig.

Michael: Wie lange kennst du schon deinen Freund und Vater des Kindes?

Daniela: Wir kennen uns schon 7 Jahre oder länger sogar schon.

Michael: Lebt ihr zusammen?

Daniela: Ja. Auch schon seit Jahren. Der hat vorher bei mir schon fast gewohnt, fast jeden Tag bei mir geschlafen.

Michael: Wie war das eigentlich, als du schwanger warst, wie hat dich denn deine Mutter unterstützt, wie fand sie denn das?

Daniela: Na ja, ich hab denen das ja ziemlich spät erzählt, es wusste ja kaum jemand, wollte ich ja auch nicht, dass es jemand weiß, und sie war ja bloß noch ein paar Monate da und in den paar Monaten hat sie mich eigentlich gut unterstützt, immer auf das Kind aufgepasst, ich habe ja nebenbei noch Fahrschule gemacht, da musste sie öfter auf das Kind aufpassen und Prüfung und so, hat sie alles gemacht. Super drauf aufgepasst.

Michael: Wieso war sie nur noch ein paar Monate da?

Daniela: Na ja, sie ist kurz vor meinem 18., da hat sie einen neuen Freund kennen gelernt, der hat in Bochum gewohnt, und da hat sie mich gefragt, ob ich da mit hinziehen will, dass wollte ich aber mit Kind nicht, weil, keine Lehrstelle, und da wollte ich dann nicht so dastehen, und außerdem wollte ich bei meinem Freund bleiben, und eine Woche, bevor ich 18 wurde, ist sie nach Bochum gezogen und ich musste dann zwangsweise allein in der Wohnung wohnen. Na ja, da haben wir uns eine Weile gar nicht verstanden, aber jetzt geht es wieder. Jetzt ist sie ja wieder zurück in Olvenstedt, und jetzt verstehen wir uns wieder. Sie kümmert sich auch um das Kind mit, ist voll okay eigentlich.

Michael: Und wieso habt ihr euch nicht verstanden?

Daniela: Weil ich mit 18 ja so halb übergangen worden bin, da sie mich ja sitzen lassen hat. Und es ging auch darum, dass ich unter 18 noch keine Wohnung kriege, weil es war ja eine Woche vor meinem 18. und sie hätte den Mietvertrag unterschreiben müssen und das wollte sie am Anfang nicht. Na, und da hatten wir uns eben ziemlich in der Wolle und da sie auch in so einer Nacht- und-Nebel-Aktion nach Bochum gezogen ist. Sie hat uns ja da einfach stehen lassen in einer leeren Wohnung, sage ich jetzt mal.

Michael: Und wie war das vorher so mit deiner Mutter?

Daniela: Es gab ganz schön Krach zu Hause. Wir waren 7 Mann in einer 4-Raum-Wohnung, weil mein Freund, das kleine Kind. Und dann wollte ich am Wochenende ab und zu auch mal feiern gehen, da musste sie ja das Kind nehmen. Das hat ihr auch nicht immer so gefallen. Sie konnte mir das meistens nicht so offen ins Gesicht sagen, sie hat es meistens bloß ihrem Freund erzählt, oder ihrem Mann damals, und der hat mir das dann so um 3 Ecken erzählt. Aber wenn ich sie darauf angesprochen habe, fand sie das immer ganz o.k., denn ich sollte mein Leben leben, hat sie immer gesagt. Na, es gab da manchmal ganz schön Krach. Dann auch dadurch, dass mein Freund mit bei uns gewohnt hat, der hat mit gegessen, mit geschlafen und so, und da fing sie dann irgendwann an, sie möchte von mir 500 DM im Monat Kostgeld haben. Ich hätte es gekonnt, aber ich habe gesagt, das mache ich nicht, weil 500 DM fand ich einfach mal zuviel, dafür, dass sie von mir schon das Kindergeld behalten hatte und den Unterhalt von meinem Vater, den sie kriegt. Da habe ich gesagt, das mache ich nicht. Und da hatten wir uns öfter mal in der Wolle wegen solcher Sachen, aber so von der Sache her ...

Michael: Hast du noch Kontakt zu deinem richtigen Vater?

Daniela: Ja.

Michael: Seht ihr euch ab und zu?

Daniela: Ja. Wir sehen uns nicht täglich, aber 2, 3 Mal in der Woche. Wir verstehen uns eigentlich alle noch.

Michael: Wie war das, als sie sich getrennt haben?

Daniela: Ich war damals 12, 13, und ich habe das ja schon gewusst. Und mein Vater hat sich auch mit mir hingesetzt und hat mir das so erzählt, dass es nicht mehr geht. Man hat es ja auch gemerkt. Die haben sich ja manchmal tierisch in die Wolle gekriegt. Aber dadurch, dass mein Vater gleich ein paar Hausnummern nebenan gewohnt hat, war das kein Problem. Ich konnte immer hingehen, wenn ich etwas wollte. Das war eigentlich ganz o.k. War eigentlich gut. Sie sind eigentlich beide ganz offen damit umgegangen. Fand ich jedenfalls so. Außerdem war ich ja schon alt genug, fand ich. Es war sowieso die Zeit, wo man macht, was man will, wo man sich öfter mal mit den Eltern in der Wolle hat. Zum Anfang fand ich es ganz gut, dass der Papa dann auf einmal weg ist. Aber irgendwie fehlt einem doch ein bisschen was. Aber es geht so. Finde ich besser, als wenn sie sich da noch ewig weiter streiten und zusammenbleiben.

Michael: Wie ist so die Ausbildung? Und wie ist das mit den anderen Azubis, mit der Arbeit und in der Schule?

Daniela: Es ist eine schulische Ausbildung und wir gehen 2 Tage in der Woche zur Schule und 3 Tage richtig arbeiten. Und am Anfang war es ganz schwierig, fand ich, weil es ja eine schulische Ausbildung ist, und da wird eben alles zusammengeschmissen, ob das Hauptschule ist, Realschule, oder erweiterte Realschule, und dadurch waren ein Haufen Leute in der Klasse, die eigentlich fehl am Platz waren. Da waren ständig Störungen im Unterricht und so. Jetzt, nach 3 Jahren, sind ja die schlechten – sage ich jetzt mal so – rausgesammelt durch Sitzen bleiben und so. Ich bin ja auch mit 3 anderen Azubis aus meiner Klasse bei mir auf der Arbeit, und dadurch geht das eben. Also wir vier sind auch jeden Fall ein Grüppchen, halten auch immer zusammen und untereinander geht das eben. In der Klasse ist einfach mal kein Zusammenhalt, da ist jeder für sich alleine, da hält keiner zusammen.

Michael: Und wie ist es beim Arbeiten?

Daniela: Da kam es auch erst im dritten Jahr, dass ich mich da mit allen Mitarbeitern gut verstehe, weil die meisten verstehen das eben nicht. Wie kann man ohne Geld arbeiten gehen und so. Und dann soll man ja ohne Geld den selben Anforderungen entsprechen, wie jemand, der richtig Geld kriegt.

Michael: Ach, ihr kriegt gar kein Ausbildungsgeld?

Daniela: Nein. Kriegen wir nicht. Weil es ja schulisch ist. Wir können BAföG beantragen, und das kriege ich ja auch bloß durch das Kind. Ansonsten wären das nur 300 DM im Monat, und das würde ja nicht reichen.

Michael: Und wo arbeitest du?

Daniela: Im Karstadt in der Lebensmittelabteilung.

| Michael: | Wie ist das dann, wenn du fertig bist? Was willst du dann machen? |
| Daniela: | Ich möchte gern weiter irgendwo in irgend so einen Lebensmittelmarkt. Aber es muss nicht so etwas Großes sein, kann ruhig etwas Kleines sein. |

| Michael: | Und ist das dein Traumberuf? |
| Daniela: | Also eigentlich, na, es war schon so mein Traumberuf, Lebensmittel und so, aber dass es nun Kauffrau im Einzelhandel wird, war eigentlich nicht geplant. Ich wollte mehr so in Verkäuferin gehen, weil Kauffrau im Einzelhandel ist ja für die meisten schon wieder zu hochtrabend, kostet ja schon wieder zuviel Geld. An sich, Lebensmittel war schon mein Traumberuf. |

| Michael: | Was hast du denn für Hoffnungen und Wünsche für die Zukunft? |
| Daniela: | Erst einmal erhoffe ich mir, dass ich, wenn ich mit der Ausbildung fertig bin, irgendwas kriege, was Vernünftiges, was mir auch zusagt, hoffe ich. Und dann hoffe ich, dass es in nächster Zeit mir einmal so in Sachen Geld besser geht, als es im Moment ist, und dann hoffe ich eigentlich nur noch, dass es mit meinem Kind und mir und meinem Freund alles okay wird, also dass mein Kind auf jeden Fall groß und stark wird. |

| Michael: | Hast du eigentlich einen Jungen oder ein Mädchen? |
| Daniela: | Einen Jungen. Einen kleinen frechen. |

| Michael: | Was ist denn deine größte Angst im Leben? |
| Daniela: | Im Moment ist es wirklich, nach der Ausbildung sitzen zu bleiben, keinen Job zu haben und echt so, dass dann dieses Arbeitslose kommt. Man bekommt zwar das Geld vom Arbeitsamt, aber dass man irgendwann wirklich so Faulheit sieht. Dass ich dann wirklich mit dem Arsch zu Hause sitze und kriege immer schön mein Arbeitslosengeld und hab gar keine Lust mehr, arbeiten zu gehen. So, wie es bei meiner Mutter ist. Davor habe ich im Moment ganz doll Angst. Aber bis jetzt, ich will es einfach mal nicht, und ich hoffe mal, dass es auch nicht so kommt. Oder Sozialhilfe wird es ja dann bei mir, weil, ich kriege ja bloß Sozialhilfe. |

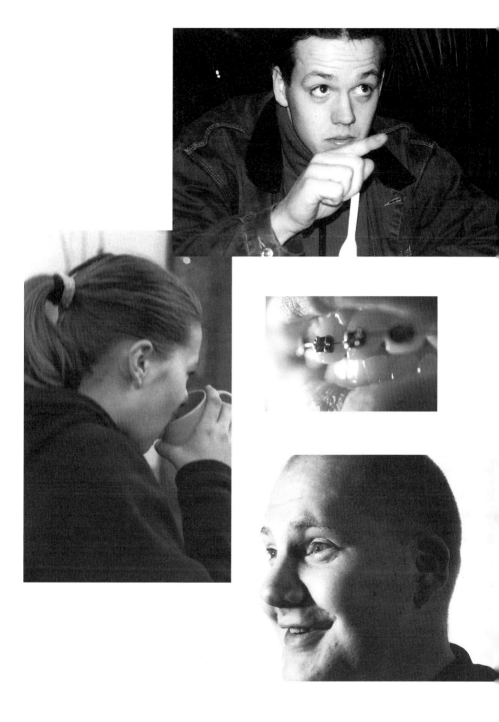

MEINE „ALTEN" HABEN MIR GAR NICHTS ZU SAGEN.

Ich finde, dass meine Eltern mir eigentlich alles sagen können.
Manches gefällt einem zwar nicht und man will unbedingt seinen Kopf
durchsetzen, aber es ist auch gut, auf seine Eltern zu hören.
Sie haben halt manchmal doch Recht und auch mehr Erfahrung.

Aileen

Sagen können sie vieles,
aber ob ich auf die Sachen hören tue,
das ist halt die Frage.

Cindy

Egal was sie sagen, ich muss es machen, denn sonst werden mir irgendwelche Strafen aufgebrummt oder es wird mit Heim gedroht.
Ich hab schon so viel getan, was meine Eltern nicht wollten und ich büßen
musste, aber ich hab es nie bereut und würde es immer wieder tun.
Wenn mir was total wichtig ist, dann mach ich das auch,
egal was meine Eltern sagen.

Bianca

Mehr oder weniger. Manchmal tue ich das,
was sie sagen, meistens aber nicht.

Franziska

Mal 'nen Rat, mal 'nen DUDU,
aber ich habe viele Meinungsverschiedenheiten.

Matthias

Ich wohn' seit drei Jahren nicht mehr zu Hause.
Ich führe ein kumpelhaftes Verhältnis mit ihnen.
Ist alles okay.

Patrick

Meine Eltern meinten es fast immer nur gut aus ihrer Sicht heraus.
Für mich ist jedoch nicht alles hilfreich, was sie mir sagen und sagten,
doch ich danke ihnen für die Sorge & Liebe,
die sie mir mit ihren Ratschlägen mitgesandt haben.

Michael

„Ich hoffe es irgendwann zu verstehen ..."

Interview mit Katharina K.

Michael: Bitte, stell dich vor.

Katharina: Ich bin Katharina Krietsch, mit vollständigem Namen. Ich bin 16, wurde am 29. Dezember 1985 geboren hier in Magdeburg in der Landesfrauenklinik. Also meine Eltern sind geschieden, ich lebe nur mit meinem Vati zusammen, und meine Halbschwester lebt bei meiner Mutter. Die haben sich seit 6 Jahren nicht mehr bei mir gemeldet. Obwohl sie in Sudenburg wohnt. Sie hat auch nicht zum Geburtstag angerufen. Da habe ich mir mal so überlegt, wenn ich 16 bin, werde ich zu ihr fahren und da werde ich einfach mal klingeln und sehen, was sie sagen wird. Ob sie dann sagen wird: „Schön, dass du hier bist" und vielleicht sogar: „Alles Gute zum Geburtstag." Man weiß ja nicht. Wenn sie das nicht macht, würde ich sie auf jeden Fall fragen, was heute für ein Tag ist und was vor 16 Jahren mal war. Und dann auf jeden Fall mal eine Diskussion erhoffen.

Und was kann ich noch erzählen. Ich lebe mit meinem Vati zusammen und mit einem Hund noch., ein Rottweiler, mein Ein und Alles. Das war total cool, als ich den bekommen habe. Ich habe gestrahlt über das ganze Gesicht. Das war so ein Erlebnis in meinem Leben, was mich völlig glücklich gemacht hat.

Michael: Hast du noch Kontakt zu deiner Schwester?

Katharina: Hatte ich vor einem Jahr mal. Da habe ich mal angerufen und gefragt, wer da ist. Meine Mutter war zu diesem Zeitpunkt verheiratet. Sie ist jetzt, glaub ich, schon wieder geschieden. Ich weiß es nicht genau. Jedenfalls ist meine Schwester ans Telefon gegangen und ich habe gedacht, dass es ein Junge war, weil die Stimme sich ziemlich männlich angehört hat. Und dann habe ich so gefragt, wer dran ist. Und sie dann so: „Alexandra." Ich sag' so: „Hier ist Katharina." Und sie dann „Oh." Dann hat sie erst mal 'ne Weile nichts gesagt. Sie meinte, sie wäre nicht davon ausgegangen, dass ich irgendwann noch einmal anrufe. Und sie wollten es nicht machen, weil wir angeblich früher den Kontakt abgebrochen haben. Und mein Vati das auch nicht wollte. Aber mein Vati hat gemeint, dass das meine Mutter nicht wollte. Wir haben uns dann mal bei Karstadt getroffen. Das war urst krass. Meine Schwester sah so anders aus. So vom Gesicht noch so. Weiß ich nicht, irgendwie. Keine Ahnung. Im Vergleich zu früher. Ich kenne sie ja nur, als sie noch ganz klein war und noch richtig ein Kindergesicht hatte. Und auf einmal so erwachsen. Sie ist ja auch zwei Jahre älter als ich. Dann haben wir uns unterhalten. Früher waren wir total verschieden. Wir haben uns auch immer gestritten und so. Dann haben wir so erzählt und wir haben eigentlich die selben Erlebnisse durchgemacht. Eigentlich sind wir doch ziemlich gleich geworden.

Als meine Eltern sich scheiden ließen, habe ich mit meinem Vater erst noch in Olvenstedt gewohnt. Vor etwa einem Jahr sind wir nach Nord gezogen.

Michael: Gab es einen speziellen Grund, warum sich deine Eltern geschieden haben oder haben sie sich einfach nur nicht mehr verstanden?

Katharina: Nee, das war, weil meine Mutter sich mehr oder weniger bei meinem Vati durchgeschlaucht hat. Und sich auch immer das Geld genommen hat. Sie war auch die meiste Zeit draußen. Sie ist auch fremdgegangen, habe ich gehört. Weiß ich nicht, ob das wirklich so ist. Na ja, aber was ich so gehört habe, hat meine Mutti ganz schön viel Scheiße verzapft. Mein Vati hat auch gefragt, was ich mir erhoffe von diesem Besuch, wenn ich 16 werde. Und das habe ich mir auch so durch den Kopf gehen lassen. Ich erhoffe mir einfach mal 'ne Diskussion mit ihr. Ich will wissen, warum sie das alles gemacht hat. Ich hoffe einfach, dass ich das irgendwann einmal verstehen werde. Man sagt ja immer, wenn man kleine Kinder mit reinzieht, die verstehen das nicht. Aber ich verstehe es selbst jetzt noch nicht. Aber das liegt vielleicht auch daran, dass sie mir nicht alles erzählen.

Michael: Kannst du dich noch erinnern, wie es im Kindergarten war?

Katharina: Aber eines weiß ich noch. Da hat meine Mutti vergessen mich abzuholen. Da saß ich als Letztes im Fenster und konnte nach draußen gucken, konnte direkt auf den Weg gucken, von wo meine Mutter gekommen wäre. Sie ist die ganze Zeit nicht gekommen. Das weiß ich auch noch, dass das ganz schlimm für mich war. Ich kann noch ganz genau den Weg sehen. Ich weiß auch noch ganz genau, wie er heute aussieht.

Michael: Wie war das dann? Haben die angerufen?

Katharina: Weiß ich nicht. Irgendwann kam meine Oma dann gegen Abend.

Michael: War das bei der Scheidung deiner Eltern so, dass ihr euch selbst entschieden habt, zu wem ihr geht oder haben die Eltern bestimmt, wer wen bekommt?

Katharina: Das Gericht hat es bestimmt.

| Michael: | Wäret ihr, Alexandra und du, lieber beide beim Vater geblieben? Sicher hättet ihr es natürlich am liebsten gehabt, wenn ihr alle zusammengeblieben wärt. |
| Katharina: | Weiß ich nicht, also ich denk mal schon, dass Alexandra lieber bei ihrer Mutter ist. Mir ist das Verhältnis zu meinem Vati sehr wichtig, eigentlich wichtiger als das Verhältnis zu meiner Mutter. |

| Michael: | Du bist noch in der Schule? |
| Katharina: | Ja, 10. Klasse |

| Michael: | Gehst du zur Realschule? |
| Katharina: | Ich bin vom Gymnasium abgegangen und bin jetzt auf der IGS „Neustädter See". Ich habe es nur drei Minuten bis zur Schule. Letztes Jahr musste ich jeden Morgen im Tiefschlaf 'ne Dreiviertelstunde nach Olvenstedt fahren. Bin ich also vier Mal am Tag nach Olvenstedt gefahren. Umständlich. |

| Michael: | Macht dir die Schule Spaß? |
| Katharina: | Schule macht mir keinen Spaß. Es ist keine Herausforderung mehr. Es ist zu leicht. Habe alles doppelt. Ich bekomme fast nur Einsen. Das macht keinen Spaß mehr. |

| Michael: | Weißt du schon, was du für einen Beruf lernen willst? |
| Katharina: | Noch nicht genau. Aber ich will Abitur machen auf der IGS. Dann hätte ich noch drei Jahre Zeit, mich zu entscheiden. Am liebsten würde ich Architektur studieren oder vielleicht Psychologie. |

| Michael: | Wie ist das in der Schule, hast du da Freunde? |
| Katharina: | Ja, Freunde schon, aber halt nur Schulfreunde. Bei mir auf der alten Schule, da waren die meisten Leute links. Wir sind auch alle zusammen klargekommen. Auf der neuen Schule sind es so viele Gruppen. Da gibt's ein paar Nazis, darf ich mal so böse sagen, auch ein paar Prolls, da gehöre ich ja auch schon dazu, und auch Linksorientierte. Ein paar verstehen sich schon untereinander. Aber ein paar sind auch total gegeneinander. |

| Michael: | Wie würdest du dich selber bezeichnen? |
| Katharina: | Das ist 'ne Frage. |

Wenn ich volljährig bin, wie alt bin ich dann wohl? So alt wie ein Gesetz es vorschreibt oder wie ich es mir vorstelle oder bin ich dann gerade gestorben, heißt es also, dass mein Leben erfüllt und zu Ende ist? Volljährig, sind es erfüllte Jahre oder gefüllte Jahre? Sind sie alle gleich oder verschieden? Bin ich dann vielleicht erwachsen? Bin dann schlau und klug und kann alles? Oder bin ich etwa genauso wie vorher? Darf ich vielleicht Dinge tun, die ich vorher nicht durfte? Wie kann es sein, dass ich von einem Tag zum anderen nicht mehr der bin, der ich war, dass man mich als etwas anderes betrachtet? Wieso?

Michael

Die Familie ist mir das Heiligste. Lieber würde ich mich umbringen lassen, als dass meiner Familie etwas zustößt. Weil die Familie ist wirklich heilig.

Andrino S.

Michael:	Na ja, du hast gerade die Gruppen aufgemacht. In welche Gruppe würdest du dich stecken? Du hast gerade gesagt: Proll?!
Katharina:	Ja, so zum Teil vom Aussehen her. Ja, weil ich mich einfach mal in den Sachen wohler fühle. Von der Meinung her, schon eher links. Aber das hat ja nichts mit dem Äußeren zu tun.

Michael:	Sind das mehr so äußere Kategorien, Nazis und so?
Katharina:	So wird das ja eingeteilt. So sieht man das ja auch auf der Schule, dass das so eingeteilt ist. Die meisten Leute tragen ihre Meinung so nach außen.

Michael:	Hängt das auch damit zusammen, wie man mit Leuten klar-kommt, wie man rumhängt?
Katharina:	Ja. Wir haben bei uns einen in der Klasse, der ist schon extrem links. Das sieht man auch, weil er längere Haare hat und die sind auch extrem fet-tig. Und halt lange, schlabbrige, weite Klamotten und zum Teil auch ka-putt. Dann auch so ein Rucksack mit ganz fetten Aufklebern drauf. Den machen sie schon oft runter. Aber es gibt auch einen Nazi, den mache ich sogar oft runter, weil der ist einfach mal absolut schlimm. Das ist der Schlimmste auf der Schule von den ganzen Leuten. Der macht auch die ganzen linken Leute runter.

Michael:	Was machst du so in deiner Freizeit, wenn du nicht zur Schule gehst?
Katharina:	Ich bin selten zu Hause. Eigentlich immer unterwegs, meistens hier in Ol-venstedt. In der „Mühle" kickere ich mit den Leuten oder ich spiele Tisch-tennis oder Billard. Oder Dart spiele ich auch gerne. Meine Hausaufga-ben mache ich eigentlich auch meistens da.

Michael:	Was würdest du machen, wenn die „Mühle" nicht da wäre?
Katharina:	Dann würde ich mich sicherlich mit meinen Freunden woanders treffen. Aber, ob wir da die gleichen Möglichkeiten hätten? Vielleicht würde ich meine Freunde dann gar nicht kennen, weil es die „Mühle" dann eine Weile schon nicht gäbe. Dann würde ich nur einige davon kennen. Schicksal.

Michael:	Hast du jetzt schon Leute in Nord kennen gelernt?
Katharina:	Ja, einige, seit ich dort auf der Schule bin. Aber ich mache mit denen meistens nachmittags nichts, weil, auf der Schule habe ich mitgekriegt, die meisten haben nur Luft im Kopf. Man führt da kaum 'ne niveauvolle Unter-haltung. In der Pause stehen sie dann da und singen irgendwelche Lie-der aus den Charts und unterhalten sich über Jungs. Na ja, Jungs, schön

und gut, aber: „Der ... hi, hi und der ... hi, hi und *(STÖHN)* ... Das geht einem ganz schön auf den Kranz, manchmal.

Also es gibt auf der Schule auch Leute, die ein bisschen was drauf haben, aber so wirklich was im Kopf ... kaum. Ich meine, ich will jetzt nicht von mir behaupten, dass ich wirklich was im Kopf habe. Ich meine, ich habe schon Allgemeinwissen ... einiges, aber auch noch nicht alles, das ist logisch. Und weiß ich nicht, es ist trotzdem so, ich hab einfach mal das Gefühl, dass ich niveauvollere Unterhaltungen führe mit Freunden oder so, als mit den Leuten.

Michael:	Hast du einen Freund?
Katharina:	Noch nicht. Aber ich bin in Arbeit. *(LACHEN)* Blöd ausgedrückt.

Michael:	Also hast du schon jemand im Auge?
Katharina:	Ich arbeite daran, wollte ich eigentlich sagen.

Michael:	Jemand aus deiner Schule?
Katharina:	Nee, aus meinem Freundeskreis. Da kann sich auf jeden Fall mehr draus entwickeln. Nicht nur von meiner Seite aus. Mal sehn.

Michael:	Was stellst du dir unter einer Beziehung vor? Was erwartest du davon?
Katharina:	Das ich einfach 'ne Person habe, die für mich das ist und für die ich da sein kann. Und die an meinem Leben teilhaben kann und ich an ihrem Leben teilhaben kann.

Michael:	Gibt es irgend etwas, was du meinst, was du richtig gut kannst?
Katharina:	Mit Zahlen umgehen und malen.

Michael:	Wie findest du es so in Nord zu leben, gegenüber Olvenstedt?
Katharina:	Also die Leute sind nicht weniger blöd. Aber die Gegend ist auf jeden Fall schöner, weil, ich wohne direkt am See. Wenn ich aus dem Küchenfenster gucke, sehe ich auf den See. Und wenn ich vom Balkon aus gucke, sehe ich das Affenhaus, das ist einfach mal viel schöner im Vergleich zu Olvenstedt. Wenn ich dort aus dem Zimmer geguckt habe, habe ich auf einen anderen Block geguckt. Ist auf jeden Fall schöner.

Michael:	Gibt es irgendwas, was du dir für die Zukunft wünschst? Wie so dein Leben sein könnte, außer deinem Job?!
Katharina:	Ich will zufrieden sein.

Michael:	Was heißt denn zufrieden?
Katharina:	Na schon alles, was dazu gehört: Wohnung, 'ne schöne, auf jeden Fall 'ne schöne Gegend, dann auf jeden Fall will ich mal 'nen Hund haben. Also wenn mein Hund irgendwann nicht mehr ist, dann werde ich mir 'ne Dogge holen. Ein schönes, großes Vieh. Cool! Und dann noch ein lieber netter Freund, wäre auch schon nicht schlecht. Heiraten, weiß ich nicht, ob ich irgendwann mal heirate. Irgendwann mal so Mitte zwanzig, Ende zwanzig ein Kind kriegen. Aber ich habe Angst vor der Geburt. Auf jeden Fall, kann schon schmerzhaft werden. Ich pumpe mich dann mit Chemie voll. „Doktor, geben sie mir 'ne Spritze." Nein. Doch. Oder ich mache 'ne Unterwassergeburt, das soll ja gut fürs Kind sein und weniger schmerzhaft. Das werde ich machen.
Michael:	Vielleicht das Beste, bevor du das Baby und dich mit Drogen voll pumpst?!
Katharina:	Ja, genau. Nicht das mein Kind mal einen psychischen Schaden kriegt oder so.

Als ich jünger war,
war vieles leicht und
vieles viel zu
kompliziert für mich.
Meine Eltern haben
mir Ordnung und
Disziplin mit auf den
Weg gegeben,
aber sonst nichts.
Das ist schade
gewesen.

Patrick S.

Heimat Welt

Man rennt natürlich abends, wenn man alleine ist,
ein bisschen mit einem mulmigen Gefühl herum,
man kennt auch so die Leute, denen man aus dem
Weg gehen sollte.

Danny L.

Ein Herz für die Platte

Betrachtung von Katja J.

Nach dem Krieg musste eine wirtschaftliche Lösung gefunden werden, um die Wohnungsnot zu bekämpfen. Auch die unbedingt sanierungsbedürftigen Bauten mussten komplett überarbeitet werden. Dadurch kamen Neubaukonzepte auf den Plan. Es wurden ein paar verschiedene Typen konstruiert, die dann universell kombinierbar waren. (Im Großen und Ganzen waren sie alle der Bauhausart angelehnt, was die Bedeutung hat, dass jegliche Formen und Stile weggelassen wurden.) Zweck und Nutzen standen im Vordergrund. In kürzester Zeit entstanden so komplette, in sich eigene, abgeschlossene Wohneinheiten (Stadtviertel), welche Schulen, Ärztehäuser, Kaufhallen usw. enthielten. Die Bevölkerung konnte nun aus den verfallenen, mit Außenklos bestückten Altbauten raus. Es begann das Zeitalter der Zentralheizung, der Innenklos und der Hellhörigkeit. Selbst auf Postkarten wurden Neubauviertel gepriesen. Da aus jedem Jahrzehnt verschiedene Viertel hervorgeboren wurden und diese sich alle auf unterschiedlichste Art und Weise entwickelt haben, spezialisiere ich mich nun an dieser Stelle auf die Plattenneubauten, die vorwiegend in den 80er Jahren entstanden sind. In jenen Vierteln herrschte ein sehr ausgeprägtes gemeinschaftliches Leben. Jeder kannte jeden und das soziale Engagement war sehr groß. Das Ganze ist wohl vergleichbar mit einem Dorfflair, bloß in einer größeren Dimension.

Mit Beginn der 90er begann in den Plattenbauten der soziale Abstieg, da die Altbauten nun saniert waren und auch das Wohnungsangebot stark gestiegen war. Die Folgen waren eine Abwanderung von denen, die es sich „leisten" konnten. Neubaugebiete wurden auf einmal zu einer Imagefrage. Das Streben nach abgezogenen Dielen und Stuck rückte in den Vordergrund. (Vergleichbar mit dem sehr bekannten Markenklamottenwahn.) Durch die fehlende gemischte Bevölkerungsstruktur brach die Infrastruktur zusammen. Viel zu spät reagierten die Stadträte. Erst als der Ruf dieser Plattenbauten schon voll ruiniert war, fingen sie an, sich Gedanken zu machen. Sie kamen wohl auf keine zündende Idee und beschritten den einfachsten Weg, diese Gebiete als soziale Abschiebeorte zu benutzen. (Tolle Sachen wie: Einen Block aggressiver Sozialhilfeempfänger direkt neben einen Block mit Asylanten zu besiedeln. Und dazwischen vielleicht noch ein Altersheim hinzusetzen.)

In anderen Plattenvierteln kam es zu einer pseudogesellschaftsfähigen Außensanierung (z. B. mit ganz schicken Bonbonfarben). Es merkt wohl ein Blinder mit einem Krückstock, dass das Ganze nicht so harmonisch ist.

Nun stellt sich die Frage, wie die Zukunft wohl sein wird. Dabei stellen die Plattenbauviertel doch einen sehr guten Nährboden für Projekte da. Und ich glaube, die Stadträte würden liebend gerne das Problem abschieben. Anstatt das ganz gegen den Baum laufen zu lassen rufe ich zu einem Herz für die Platte auf.

Warum sollte man diese Viertel nicht kreativen Menschen überlassen? Man könnte für ein Apfel und ein Ei ganze Blockanlagen an z. B. Künstler (sind ja meistens arm) vermieten. Dadurch wäre eine kreative Häusergestaltung möglich. Es gibt viele Sprayer, die jederzeit nach Nutzungsflächen suchen. Auch eine eigene Finanzierung wäre durch den Aufbau von ganzen Partyblöcken möglich. Die Räume wären auf verschiedenste Art zu gestalten, nichttragende Wände könnten entfernt werden, um größere Räume zu schaffen und es könnte auf den unterschiedlichen Ebenen verschiedenste Sachen angeboten werden. (Man bräuchte nicht mal viele Boxen aufzustellen dank der Hellhörigkeit). In anderen Blöcken könnten Übernachtungsmöglichkeiten eingeräumt werden. Das heißt, dass man nicht mehr betrunken nach Hause fahren muss. Auch Jugendliche, die nicht wissen, wo sie übernächtigen sollen, hätten eine Anlaufstelle. Ich gebe zu, dass das Ganze etwas nach Hausbesetzung klingt, dies soll es aber nicht sein. Es soll ein Ort für alle sein, wo Gewalt nichts zu suchen hat. Ein Ort von modernem Zusammenleben und Kommunikation. Wobei das Risiko, dass Gewalt aufkommt, gering ist, denn wenn man wenig Miete abdrücken muss, hat man mehr Geld, um das zu verwirklichen, was man in seinem Leben möchte. Und wenn man sich nur Kaviar zum Frühstück leistet.

Dies ist nur ein kleiner, zu Papier gebrachter Denkansatz zu diesem Thema, aber wenn jeder mal ein bisschen sein Gehirn anwirft und seine Vorurteile der Platte gegenüber abbaut, wäre der Ansatz für einen bunten Lebensraum geschaffen.

Warum sollte das „Herz für die Platte" nur eine Utopie sein?

WELT

IST DIE WELT IM GROSSEN UND GANZEN SCHLECHT UND UNGERECHT? SCHEISSGEFLECHT!

Arme Menschen sind für mich die, die auf der Straße leben und betteln müssen oder kleine Kinder, wie ich es im Fernsehen öfter gesehen habe, die im Müll kramen oder, was wirklich krass ist, wenn die eigenen Töchter auf den Strich gelassen werden. Das erschüttert mich, aber na ja. Man kann nicht viel machen, aber man kann Leuten helfen und man sollte nicht nur große Reden schwingen und dann doch nichts einhalten, wie manche Politiker.

Andrino S.

In Magdeburg ist kulturell immer was los

Oh, wer sagt das? Also ich kenne eine Stadtzeitschrift und die hält von
Montag bis Sonntag doch tatsächlich immer
eine Spalte von ca. 3 x 20 cm frei.Natürlich untersetzt mit vielen Bildern.
Ja und die Angebote reichen vom Kreativkurs mit Rentnern über ...
Na ja, ich lese und lese und muss doch zu Hause bleiben.
Nichts los in der Stadt.

Anonym

Magdeburg hat kulturell etwas zu bieten.
Augen auf und auch mal hingehen.
Viele ziehen nach Berlin, weil da immer was los ist und
in dem Wissen bleiben sie getrost zu Hause und sagen:
Das nächste Mal!

Anonym

Wenn kulturell was los ist, dann überall und man weiß nicht wohin.
Aber manchmal ist halt nichts los.

Cindy

Na ja, keine Ahnung. Ich interessiere mich nicht für Kultur.

Bianca

Kultur ist überall, wenn ich spreche,
quillt ein riesiger Haufen Kultur aus mir heraus.
In Magdeburg ist Kultur en masse, aber sie interessiert nicht jeden.
Die Jugend bleibt ein wenig auf der Strecke.

Michael

Ja/nein, kommt drauf an, wie man sich für so was interessiert.

Steve

Mehr als in 'ner Wüste.

Matthias

Mehr Auswahl als auf einem Dorf, weniger als in Metropolen.
Leider nicht für jeden Geschmack.
Reggae und Jazz kommen zu kurz gegen die Konsumwelten.

Patrick

Rechtes Umfeld Olvenstedt

Interview mit Andreas H.

Andreas: Also ich heiße Andreas, bin 17 Jahre alt, 1984 in Magdeburg geboren. Meine Familie ... ich habe noch drei Geschwister, 'ne Mutter, 'nen Vater, der ist leider verstorben. Jetzt wohne ich nicht mehr in Olvenstedt, bin ausgezogen vor kurzem. Ich mache zur Zeit gerade 'ne Ausbildung zum Koch in der Berufsfachschule erst mal für ein Jahr und dann werde ich sehen, wo ich die anderen zwei Jahre bin.

Michael: Als Koch?

Andreas: Ja, als Koch. Ich habe zur Zeit nichts anderes bekommen, da mache ich lieber 'ne Berufsfachschule, mehr schulisch als praktisch. Weil das auch besser angesehen ist, als normale Berufsschule.

Michael: Wolltest du anfangs etwas anderes machen?

Andreas: Na ja, eigentlich damals Elektriker. Da waren aber die schulischen Leistungen nicht da. Es gab 'ne Mitteilung, wenn man in dem Beruf 'nen Meister machen will, braucht man 'nen Realschulabschluss. Und da ich nur 'nen Hauptschulabschluss habe, habe ich mich für Koch entschieden. Nach der Ausbildung gehe ich zum Bund als Koch, dann hat man noch bessere Chancen, hat jedenfalls mein Küchenchef gesagt. Spaß macht's halt schon, für andere Leute zu kochen. Da weiß man, was man kann.

Michael: Wie war das in der Schule, hattest du keinen Bock gehabt?

Andreas: Bis zur 4. Klasse war es einwandfrei, dann ist mein Vater gestorben. Da habe ich dann das eine Jahr voll das Blackout gehabt, bin dann sitzen geblieben. Und in der 7. Klasse bin ich dann rausgeflogen, weil ich nur der Klassenclown war. Ja, und dann kam ich in die Lernbehindertenschule, weil die da irgendwie freundlicher waren und man brauchte nicht lernen, das konnte man irgendwie schon alles. Und danach bin ich ins Berufsvorbereitungsjahr gekommen, da habe ich dann meinen Hauptschulabschluss super (mit zwei) bestanden. Das war gut für mich.

Michael: Wie war das, als dein Vater gestorben ist?

Andreas: Ja, da war erst mal ein Blackout. Ich hab's erst in der Schule erfahren und dann musste ich erst mal weg. Na, meine Schwester hat es noch schlimmer erwischt gehabt. Die hatte gerade Prüfungen. Die hat das gehört und gleich 'nen Nervenzusammenbruch gehabt. Ich meine, das lag auch an meinem Alter, in der 4. Klasse kann man das noch nicht verstehen. Aber dann ging es mit der Zeit.

Michael:	Du hast gesagt, dass du gerade umgezogen bist. Hast du vor kurzem noch bei deiner Familie gewohnt?
Andreas:	Letzte Woche habe ich noch bei meiner Familie gewohnt, bei meiner Mutter, doch die wollte umziehen. Doch da hatte ich keinen Bock drauf, da wo sie hinziehen wollte, in den „Rennebogen", das ist ein schlimmes Pflaster, grottenmäßig. Da habe ich dann 'nen Kumpel von mir gefragt, ob ich bei dem mit zu Hause wohnen kann. Dann haben wir das mit der Mutter abgemacht, seitdem wohne ich da.

Michael:	Du wohnst also mit 'nem Freund zusammen bei dessen Mutter?
Andreas:	Ja. Das ist richtig gut. Ich habe schon mal zwei Wochen bei dem gewohnt in den Ferien.

Michael:	Hast du dein eigenes Zimmer?
Andreas:	Nein, mit ihm in einem Zimmer. Wir verstehen uns auch so gut. Zwar hat dann meine Mutter und seine Mutter gedacht, dass wir uns in die Haare kriegen, wegen irgendwelcher Streitigkeiten, aber das ist bei uns nicht so. Das ist einwandfrei, eigentlich.

Michael:	Kennst du ihn schon länger?
Andreas:	Seit zwei Jahren erst. Den anderen Freund, den ich habe, kenne ich schon 15 Jahre.

Michael:	War das der Hauptgrund für deinen Auszug, dass deine Mutter umziehen wollte?
Andreas:	Ja, sonst hätte ich mich ins Heim stecken lassen. Dann hätte ich bis nächstes Jahr gewartet und dann hätte ich mir meine eigene Wohnung gesucht.

Michael:	Und wieso?
Andreas:	Immer bei Mama leben, ist blöd. Man muss auf eigenen Füßen stehen, finde ich. Sein eigenes Leben machen und nicht mit 30 noch bei seiner Mutter leben und sich bemuttern lassen.

Michael:	Wie ist das finanziell so?
Andreas:	Ich habe 300 DM für mich alleine. 200 DM bezahle ich da an Miete und Kostgeld. Das reicht eigentlich. Läppert sich zusammen durch Kindergeld und Halbwaisenrente. Hat man schon 'nen bisschen Geld.

Michael:	Bekommst du kein Lehrlingsgeld?
Andreas:	Gar nichts, weil es 'ne schulische Ausbildung ist. Gibt's keine Zuschüsse, gar nichts.

Michael: Und für die 200 DM darfst du da wohnen und bekommst auch was zu essen?!

Andreas: Komplett. Zwischendurch bloß mal Kleinigkeiten: Zigaretten und so. Aber zum größten Teil bekomme ich alles. Komme ich billiger bei weg, als wenn ich mir 'ne Wohnung nehme.

Michael: Die Mutter von deinem Freund, die findet das okay?!

Andreas: Ja, die kann mich auch richtig gut leiden. Wir waren auch schon von Anfang an per du gewesen. Das ist richtig gut, das Verhältnis.

Michael: Ist es angenehm im Texas zu wohnen gegenüber Olvenstedt?

Andreas: Ja, viel leiser, ist nicht so viel Aktion wie in Olvenstedt. Kann man wenigstens nicht hören, was der andere über einem macht. Die Wände sind ja so dünn in Olvenstedt. So ist es angenehm das Klima.

Michael: Was machst du denn neben deiner schulischen Ausbildung?

Andreas: Abhängen. Bierchen trinken.

Michael: Weißt du schon was du machen willst, wenn du mit der Ausbildung fertig bist? Dann willst du ja zur Armee gehen?!

Andreas: Nur wenn sie mich da gebrauchen können, weil die da so viele Stellen abbauen. So würde ich dann dorthin gehen, meinen Koch fertig machen. Wenn ich dann da fertig bin, würde ich im Restaurant oder Hotel anfangen. Und dann, wenn ich das Geld habe, 'nen Chefkoch machen. Aber so was, wie ein eigenes Hotel würde ich niemals wollen. Viel zu viel Arbeit.

Michael: Hast du schon 'ne Idee, was du nach deiner Ausbildung machen willst in Richtung Familie?

Andreas: Erstmal arbeiten bis 30. Dann könnte man sich das mit einem Kind ja überlegen. Was will man mit einem Kind, wenn man 25 Jahre ist. Einer geht arbeiten. Das Kind sieht man kaum. Und nach 30 kann man ein bisschen gelassener sein. Geld ist auch da. Man weiß, dass man einen Job hat. Also, so früh mit 'nem Kind, nee. Aber dann zwei. Was soll denn ein Kind alleine?

Michael: Hast du 'ne Freundin?

Andreas: Nee, zur Zeit nicht. Wenn man immer arbeiten muss, hat man keine Zeit für so was.

Mit Skinheads ist es so eine Sache. Es gibt so viele verschiedene – Oi, Red, Sharp, NS, Hammerskins und so. Rechtsextremismus hasse ich und toleriere ich genauso wenig wie Ausländerfeindlichkeit.

Andrino S.

Ich hab nichts gegen Glatzen. Ich hab auch nichts gegen diese Meinung, denn ich finde, jeder hat 'ne Meinung, die man akzeptieren bzw. tolerieren sollte. Glatzen, die das nicht machen, find ich auch doof.

Bianca

Michael: Wie war das so für dich, in Olvenstedt zu wohnen?

Andreas: Die Anfangszeit, als ich noch kleiner war, hat man das eigentlich nicht so mitgekriegt. Da war ich eigentlich bloß immer mit Freunden draußen. Im Großen und Ganzen fand ich das alles ziemlich gut.

Michael: Wie siehst du das mit der politischen Richtung, die manche Olvenstedt zuschreiben?

Andreas: Na ja, Olvenstedt ist ja bekannt dafür, dass es ein rechtes Umfeld hat. Aber wenn man damit aufwächst, dann hat man keine Probleme damit.

Michael: Wo würdest du dich positionieren?

Andreas: Eigentlich mehr bei der Olvenstedter Seite. Also, wenn man jetzt vom Politischen ausgeht, bin ich für einen Teil davon. Zum Beispiel gegen Ausländer. Ich meine, manche sind in Ordnung. Ich hatte z. B. auf Arbeit oder in der Schule auch Ausländer gehabt, mit denen kam ich einwandfrei klar. Es gibt ja solche und solche. Aber z. B. als ich mal in der Stadt war, sind wir halt im normalen Olvenstedter Outfit rumgerannt, wie Skinheads, sage ich mal so, und dann kam dann ein Ausländer, ein Türke glaub ich. Wir waren ganz friedlich einkaufen. Dann hat er uns da vollgetextet und dann waren es auf einmal 30 Mann von denen gewesen. Das war schon komisch. Da habe ich auch 'ne Abneigung gegen. Wenn man ganz normal als Deutscher in Deutschland rumrennt und man wird von solchen, die hier eigentlich wohnen wollen, doof angemacht. Ich meine, wenn welche herkommen, um zu arbeiten oder hier Urlaub machen wollen. Das ist alles akzeptabel. Wir fahren ja auch ins Ausland, um dort Urlaub zu machen. Das ist schon komisch irgendwie. Ich sage mal, ich denke zu einem kleinen Teil rechts. Vielleicht kommt es davon, dass ich in Olvenstedt aufgewachsen bin. Ich kannte früher ja auch Punks, z. B. Heiko, der früher in der „Mühle" war, mit dem sind wir ja auch rumgezogen. Sogar der eine Kumpel, der extrem rechts denkt, ist früher mit dem auch rumgezogen.

Michael: Aber so als konkret rechts würdest du dich nicht bezeichnen?

Andreas: Also, voll nicht. Kann man eigentlich sagen, als Mitläufer, weil so richtig Bock auf Stress habe ich nicht. Ich lebe halt den Kult so aus, von den Klamotten her. Denke vielleicht ein bisschen dran. Viel ist da nicht. Was ich noch gut finde, sind die ganzen Partys und die Musik halt, ein paar Lieder.

Michael: Glatzenmusik?

Andreas: Na ja. Ist ja nicht alles so dolle verboten. Gibt ja doch Verbotenes.

Michael: Wie findest du denn die jetzige Entwicklung auf internationaler Ebene, dass Europa jetzt eins wird und so?

Andreas: Für manche Länder finde ich das theoretisch mal besser, für die ärmeren Länder. Nächstes Jahr, wenn der Euro kommt, sind die theoretisch mit uns gleichgestuft vom Geld jetzt her. Vielleicht hebt sich ja mal die Wirtschaft. Mich stört das nicht, dass Europa eins wird, kann man wenigstens überall hinfahren und braucht nicht wechseln.

Michael: Könntest du dir vorstellen, woanders in Europa zu leben und zu arbeiten?

Andreas: Ja, das habe ich schon überlegt gehabt. Als Koch hat man ja eigentlich viele Möglichkeiten. So in der Schweiz oder Österreich würde mich schon interessieren. Aber so in anderen Ländern, wie Polen oder Tschechien, da würde mir irgendetwas fehlen. Wenn man schon das ganze Elend im Fernsehen sieht, vielleicht wird's ja auch noch ein bisschen hochgeputscht, aber das ganze Elend da ist schon schrecklich. Da geht's mir in Deutschland eindeutig besser. Ich meine, hier gibt's auch Elend, aber nicht so dramatisch, wie da. Hier kriegt eigentlich jeder was zu essen. Dafür wird ja schon gesorgt, durch die ganzen Küchen und so. Wer arbeiten möchte kriegt meistens von diesem Staat Arbeit. Wenn man so die Arbeitslosenzahlen sieht, schon ein bisschen komisch, aber eigentlich sagen sie es immer. Ich verstehe da die Politiker auch nicht. Deswegen würde ich auch nie zur Wahl gehen. Die versprechen alles und halten es trotzdem nicht. Es gibt trotzdem noch so viele Arbeitslose. Es gibt noch so viel Armut. Die halten ihre Versprechen doch nicht.

Michael: Würdest du einen anderen Weg sehen, um etwas verändern zu können?

Andreas: Es müsste 'ne Bürgerpartei geben, aus Bürgern, die was machen wollen. Die wissen, wie die Probleme sind. Die Politiker sitzen auf ihrem Arsch da, lassen sich ihr Geld geben von uns Steuerzahlern. Die können nichts machen. Aber wenn man selber jetzt Eigeninitiative ergreifen würde, weil man weiß, was für Probleme da sind, die irgendwie versucht zu bekämpfen. Zum Beispiel Jugendclubs, damit kriegt man die Jugendlichen von der Straße weg. Die Politiker denken eigentlich an so was nicht. Die bauen ihre Schulen, ihre Heime – fertig. Ich sag mal, die Jugend wird schon ein bisschen vernachlässigt von den Politikern, weil sonst würde es ja auch mehr Einrichtungen geben. So was müsste es eigentlich viel mehr geben, dass man Gelder mehr für Kinder ausgibt, als für was anderes, z. B. für die Bundeswehr. Warum sollen wir dort unser ganzes Geld reinstecken, wenn die Kinder auf der Straße sind. Irgendwie müssen die ja auch einen vernünftigen Beruf lernen. Wundern tun sich die Politiker dann auch, wenn es zuviel Kriminalität gibt. Wenn die Kinder nichts zu tun haben, machen sie Scheiße. Das weiß ich aus eigener Erfahrung. Wenn mir langweilig ist, dann gibt's nur Scheiße.

Michael: Was hast du denn für Scheiße gebaut?

Andreas: Vieles. Bisschen klauen. Was eigentlich jeder mal gemacht hat. So was meine ich jetzt zum Beispiel. Ich meine, oft erwischen lassen habe ich mich nicht, nur ein Mal oder so. Wäre damals mehr los gewesen, hätte man an so was gar nicht gedacht. Dann hätte ich vielleicht die komplette Schule auch bestanden. Man muss einfach mal die Möglichkeit haben, sich irgendwo hinzusetzen, sich mit jemandem auszusprechen. Da gibt's zwar auch so 'ne Beratungsstellen, im Jugendamt so 'ne Tanten, aber die sagen einem auch nur was vor und abends gehen sie nach Hause – fertig. Es müssen Personen sein, die man tagtäglich sieht. Nicht so welche, wie die Eltern, die haben genug eigene Probleme. Sondern Sozialpädagogen in irgendwelchen Einrichtungen. Wenn man sich bei denen ausquatscht, hilft es einem schon besser. Fand ich damals in der „Mühle" immer.

Michael: Wo kochst du jetzt gerade?

Andreas: Jetzt arbeite ich bei der Stadtsparkasse in Magdeburg. Ich koche für die ganzen Angestellten dort. Und ab und zu sind ein paar Veranstaltungen, wie z. B. im „Herrenkrug" Pferderennen, da waren wir auch. Oder irgendwelche Weihnachtsfeiern, wenn die meine Firma buchen.

Michael: Kochst du da schon richtige Gerichte?

Andreas: Ich hatte auch erst gedacht, 1. Lehrjahr, da darf man bestimmt bloß so 'nen Scheiß machen. Aber gleich am ersten Tag ran an den Herd und dann durften wir auch gleich richtig anfangen. War gut.

Michael: Kochst du auch zu Hause?

Andreas: Nein, da habe ich genug, wenn ich von der Arbeit komme. Zu Hause kochen habe ich mal gemacht, als ich im „Herrenkrug" gelernt habe: Spätzle in der Champignonsahnepfanne. Hat allen geschmeckt. Gestorben ist auch noch keiner an meinem Essen. So ist die Arbeit richtig lustig. Man sieht viele Leute. Ich meine, dem Bürgermeister habe ich schon „Guten Tag" gesagt. Der Kochberuf wird immer gebraucht. Es gibt faule Menschen, die haben keinen Bock zu Hause zu kochen, dann gehen sie lieber ins Restaurant oder woanders hin. Im Gegensatz zum Elektriker. Ich meine, ich bin zwar kein Elektriker, aber so 'ne Lampe anbasteln oder 'ne Steckdose legen, das kann ich auch. Das habe ich im Garten halt auch gemacht. Man muss schon vorausdenken, welcher Beruf gebraucht wird.

Michael: Das Leben in der Platte hat dir irgendwie Spaß gemacht?

Andreas: Meine Tante hat immer gesagt: „Arbeiterschließfächer", weil es ein Arbeiterviertel war. Ich meine, man hat viele kennen gelernt im Gegensatz zu Einfamilienhäusern. Irgendwie kannte sich das ganze Haus. Da wo ich gewohnt habe, da haben wir immer mit dem ganzen Haus Silvester gefeiert. Das war schon richtig lustig gewesen. Da hat man viele Freunde gehabt und wurde auch unterstützt bei vielen Sachen. Zum Beispiel wenn man 'nen Herd bekommen hat, dann hat da immer wer mit angepackt. So war es nicht schlecht. Eine große Familie, kann man sagen.

Michael: Was wäre denn so dein Wunschtraum für die Zukunft?

Andreas: Mein Wunschtraum. Arbeit zu haben, 'ne Familie, dass alle gesund sind. Dass man immer Geld hat, dass man nicht hungern muss. Das wünsche ich natürlich auch den anderen Menschen, dass die nicht hungern müssen. Dass es weniger Kriege gibt oder so 'ne Anschläge, wie jetzt erst in Amerika waren.

Michael: Hast du Angst gehabt, als du das gesehen hast?

Andreas: Ich habe das gesehen gehabt und nächsten Tag haben wir es gleich in der Schule im Ethikunterricht behandelt. Der eine meinte: „Das ist richtig so, die haben das gebraucht." Und ich habe dann gedacht, das ist ja weiter weg, das kann ja hier bei uns nicht passieren. Dann habe ich überlegt, das könnte ja doch passieren. Das wäre dann richtig Scheiße. Wenn wir da jetzt deutsche Soldaten hinschicken, kommen die vielleicht zu uns. Ich hoffe mal, dass das nichts weiter passiert. Ein bisschen Angst habe ich ja in dem Sinne auch schon, dass hier irgendwie ein Krieg ausbricht. Kein Bock drauf!

Ich habe Angst
vor Gewaltübergriffen,
so wie ich sie schon
einmal erlebt habe.
Angst davor machtlos
zuzuschauen, wie
andere Menschen
beschimpft, verprügelt,
misshandelt werden.

Anonym

Wie ich die Welt sehe

Text von Andrino S.

In meinem bisherigen Leben habe ich schon einiges erlebt. Auf einige Dinge davon hätte ich verzichten können. Natürlich mache ich mir jetzt gerade auch Gedanken um die weltpolitische Lage und deren bedrohliche Situation. Was mir besonders Sorgen macht, ist die Willkür der Terroristen. Sie terrorisieren im Namen des Koran, nehmen ihn als Rechtfertigung. Doch im Koran steht nirgends, dass man die halbe Menschheit auslöschen soll, nur weil sie andersgläubig ist.

Diese Fundamentalisten sind einfach wahnsinnig, sie haben einen Hass auf die westliche Zivilisation und wollen sie für ihre Sünden bestrafen. Das Talibanregime ist ein gutes Beispiel für solche Diktaturen. Sie haben das Land Afghanistan von den Russen befreit um, dann selber ein Terrorregime aufzubauen. Die Menschen waren es dann schließlich leid, unter einer solchen Schreckensherrschaft zu leben. Aber gesagt haben es nur wenige und die mussten es mit ihrem Leben bezahlen. Die Frauen wurden und werden auf barbarische Weise zum Gehorsam dem Mann gegenüber erzogen. In den Gefängnissen gab es bestimmte Räume nur für Frauen und ich muss ehrlich sagen, die Hinrichtung durch Köpfen war noch ein „humaner" Tod im Gegensatz zu dem, was in den Gefängnissen ablief. Die Frauen wurden auf barbarische und entsetzliche Weise zu Tode gequält. Und das tat das Regime im Namen des Korans. Mittlerweile ist das Regime schon fast am Ende und hat nur noch wenig Getreue.

Dazu gehört auch die Terroristengruppe „El Quaida" mit dem allseits bekannten Osama bin Laden als Oberhaupt. Seit den Terroranschlägen auf New York und Washington ist die Welt nicht mehr so wie sie einmal war. Aber wenn ich ehrlich sein muss, frage ich mich insgeheim, ob die USA das alles nicht auch provoziert haben. Sie haben sich des Öfteren als Weltretter angesehen, mischten sich in viele Angelegenheiten ein, die sie nichts angehen. Die Amerikaner haben so eine arrogante Art, die mich anwidert. Als einmal nach den Anschlägen gefragt wurde, warum sie allesamt mithelfen, die Schäden zu beseitigen, kam zur Antwort: „Weil ich Amerikaner bin!" Als ob es nicht auch anderswo so wäre, dass sich Menschen nach einer Katastrophe gegenseitig helfen würden. Aber so sind sie halt, die Amerikaner. Jeder ist ein Gernegroß, der sich was auf die eigene Stärke einbildet.

Seitdem ist die Angst vor weiteren Anschlägen so groß wie nie. Das jetzt Bundeswehrsoldaten nach Afghanistan müssen, finde ich überhaupt nicht gut. Kanzler Schöder will oder muss der Antiterrorallianz beipflichten. Aber so geraten auch wir in das Visier der Terroristen. Ich finde, die USA haben sich die Suppe durch ihr Einmischerei selbst eingebrockt und sollen sie nun auch selber auslöffeln. Die sagen doch immer und zu jeder Zeit, dass sie die beste Armee haben, dann können sie uns das doch auch beweisen und nicht Unschuldige in einen Krieg mit hineinziehen.

Die Familien der Todesopfer bei den Anschlägen haben mein Mitgefühl, denn es sind unzählige Familien auseinandergerissen oder völlig ausgelöscht worden.

Abschließend möchte ich sagen, dass es garantiert keinen Frieden geben wird, wenn nicht schleunigst etwas gefunden wird, womit dann alle Seiten zufrieden gestellt sind. Aber ich glaube, das bleibt frommer Wunsch.

Ein Spruch zum Schluss: Ein kluger und weiser Mensch ist nur der, der seine Klugheit und Weisheit auch vernünftig einzusetzen weiß.

In Olvenstedt kann man sich wohlfühlen!

Ich sehe das zweiseitig:
Kommt drauf an, wo man sich in Olvenstedt aufhält!!!
Ich fühl mich wohl.
Bianca

Kommt auf die Meinung an,
ob man nun rechts oder links oder alternativ oder neutral ist.
Ich glaube, Linke oder alternativ Denkende fühlen sich nicht so wohl.
Manche Ecken sind ganz okay.
Cindy

Man kann 'ne gute Zeit in 39130 haben,
aber farblos – uniformierte Menschen fast überall.
Matthias

Olvenstedt ist ... Kacke (die Nazis).
Franziska

Da muss man wohl durch.
Aber positive Seiten hat alles.
Patrick

Kommt drauf an, wo man sich in Olvenstedt aufhält.
Aileen

„Ich hasse das, was wir alle darstellen."

Interview mit Kevin M.

Michael: Hallo Kevin, erzähl von dir.

Kevin: Kevin Mittag, 18 Jahre alt. Geboren einen Tag vor dem Führergeburtstag.

Michael: Bist du in Olvenstedt aufgewachsen, oder hast du vorher noch woanders gewohnt?

Kevin: Ne, ne, meine ersten zwei Schuljahre hatte ich in Cracau. „Hans-Beimler-Oberschule". Bei den ganzen Russen dahinten. In der dritten Klasse sind meine Eltern hergezogen nach der Wende, 90, glaube ich. In Olvenstedt habe ich halt gewohnt, bis zur achten oder neunten. War dann aber schon aus Olvenstedt längst wieder weg, hab dann alte Kameraden und Freunde kennen gelernt. Den einen Sommer sind wir hier gelandet, und seit dem sind wir eigentlich regelmäßig hier.

Michael: Was machst du so in deiner Freizeit?

Kevin: Bierchen an Hals und runter damit.

Michael: Und dich mit deinen Leuten treffen?

Kevin: Genau.

Michael: Und wie war das früher, bevor du das gemacht hast? Ich meine, du hast doch bestimmt früher auch irgendwelche anderen Freizeitaktivitäten gemacht. Hast du irgendwelche Hobbys gehabt? Hast du einen Sport betrieben?

Kevin: Fußball mal eine ganze Weile gespielt, aber Training hattest du bloß zwei- oder dreimal in der Woche, da lief es zwangsläufig auf Bier hinaus. War eine schöne Zeit, als es hier noch Bier gab.

Michael: Hat sich irgendwie dein Freundeskreis verändert in der Zeit?

Kevin: Ne, der Freundeskreis nicht, die Leute haben sich geändert, inklusive mir geändert. Ja. Im Gegensatz zu früher.

Michael: Aber du triffst immer noch die selben Leute?

Kevin: Nicht zu 100 Prozent. Ist so fünfzig/fünfzig. Neue dazu, alte weg. Ja, 50 Prozent von den Leuten, mit denen ich früher Fußball gespielt habe, die sehe ich gar nicht mehr. Die sind Kiffer oder sonst was für ein Abschaum geworden. Hab ich gar kein Bedarf mehr.

Michael:	Wie würdest du deine Veränderung jetzt beschreiben?
Kevin:	Na ja, meine würde ich zum Positiven beschreiben.

Michael:	Kannst du da etwas konkreter werden?
Kevin:	Das was ich jetzt darstelle, finde ich äußerst positiv, was die anderen darstellen, oder darstellen wollen, dass finde ich am äußersten Rand negativ.

Michael:	Kannst du mal konkreter beschreiben, was du darstellst?
Kevin:	Ich für mich stelle Patriot dar. Nationalist, meinetwegen auch Nationalsozialist, da mach ich keinen großen Unterschied. Und alles andere Hass mit SS, in Anführungsstrichen.

Michael:	Wie kam das, dass du dich dorthin entwickelt hast?
Kevin:	Ich sag mal, Umgebung spielt eine Rolle, Leute spielen eine Rolle, und auch die Eltern, was sie zulassen, spielt eine große Rolle.

Michael:	Ja, wie war das mit deinen Eltern? Was haben die für einen Einfluss auf dich?
Kevin:	Die haben überhaupt keinen Einfluss mehr auf mich.

Michael:	Und wie war das früher?
Kevin:	Ich bin bekennendes Muttikind. Was Mutti sagt, befolge ich zwar nicht immer, aber nehme ich mir 100-prozentig zu Herzen. Meine Mutter versteht mich zwar, aber nachvollziehen kann sie es trotzdem nicht. Aber Muttern ist genauso mir gegenüber, d. h. wenn ich meine Fahne im Zimmer aufhänge, dann bleibt die da auch hängen. Und mein Vater ist da genau anders rum, der würde die am liebsten abruppen. Ich liege mit meinem Vater eigentlich im Dauerklinsch. So viel zu meinen Eltern. Für meine Mutter würde ich alles tun, und bei meinem Vater würde ich dreimal gucken, bevor ich irgendwas mache.

Michael:	Wie hat das begonnen, dass du dich dafür interessiert hast?
Kevin:	Du hast erst mal Interesse an der ganzen Geschichte. Ich glaub neunte oder achte Klasse fängt es an, Zweiter Weltkrieg. Dann will der Mann dir erzählen, dass deine Großväter, deine Großmutter alle Mörder sind, oder so was, da kriegst du eine Hasskappe auf deinen Lehrer, das verschiebt sich dann irgendwann. Das ist jetzt nur von mir, wie es bei mir war. Ja, dann kriegst du einen Hass auf die so genannten Siegermächte.

Michael:	Hattest du früher Probleme in der Schule?
Kevin:	Ne, in der Schule hatte ich keine Probleme.

Michael:	Und so mit den Leuten, Klassenkameraden, oder andere Leute aus der Schule oder Lehrern?
Kevin:	In Stadtfeld, ja mit anderen Leuten aus der Schule.

Michael:	Was waren das für Probleme?
Kevin:	Weiß nicht, wann sind wir Weltmeister geworden, 90, da hat mein Vater mir einen Deutschland-Pullover geschenkt, von der Nationalmannschaft. Und so ein Typ in der Schule: „Zieh den Pullover aus, zieh den Pullover aus!" Alltägliche Probleme so. Ich muss dir ganz ehrlich sagen, so lange ich in Olvenstedt gewohnt habe, hab ich mit der ganzen Szene nie was zu tun gehabt. Das Interesse kam erst danach.

Michael:	Als du älter warst, sozusagen?
Kevin:	So mit 13, 14. Kann ich dir nicht so genau sagen.

Michael:	Wäre die andere Richtung auch eine Option für dich gewesen?
Kevin:	Nee, ganz und gar nicht. Weil, ich hab mich nur für das eine interessiert, nicht für das andere. Das andere hab ich dabei hassen gelernt. Andererseits hab ich auch kein Problem damit, jetzt ein Kumpel, der jetzt hier auch gerade ist, mit rotem Haaren, Matthias heißt er, das war mein bester Kumpel für Jahre. Dem hab ich auch schon oft genug den Arsch gerettet. Was heißt Arsch gerettet. Wären die nicht da gewesen, hätte ich den auch nicht retten brauchen. Das sind Leute, zu denen ich dann auch stehe. Ein Teil meines Lebens. Möchte ich fast sagen. Obwohl ich mit denen auf den ersten Blick nicht klarkommen würde, könnte, wollte. Das prägt halt schon, so ein paar Jahre beste Freunde gewesen zu sein. Er ist in die eine, ich in die andere Richtung. Darum halte ich mich eigentlich immer für sehr tolerant. Wenn ich mich jetzt mal ganz ehrlich, ohne mich loben zu wollen, ich halte mich für tolerant.

Michael:	Findest du das schade, dass du und Matthias euch so auseinander entwickelt habt?
Kevin:	So an sich finde ich das schade, bloß jeder entwickelt sich, dumm gesagt, so wie er gepolt ist. Der eine hat den Hang dazu, der andere dazu. Wenn man sich dann da reinsteigert, so wie ich in meine Sache, dann ... Schade, ja, dass wir nicht mehr so oft zusammen rumhängen. Das letzte enge Erlebnis mit ihm war, als wir zusammen in Urlaub gefahren sind, vor zwei Jahren oder so.

Michael:	Aber da warst du eigentlich schon mit deinen Kameraden so zusammen, ja?
Kevin:	Ja, da war ich schon feste dabei.

VOLK

ES WURDE
SCHON IMMER
GEBLENDET.
LEUTE,
NICHTS
HAT SICH GEWENDET!

Oder wenn ich zum Beispiel
die Behinderten sehe
oder einen Obdachlosen oder so,
da bin ich immer nachdenklich.
Du hast echt Glück gehabt im Leben.
Du hast ein Dach über dem Kopf,
hast Kleidung, die ist eigentlich
relativ gut,
ich kann mich eigentlich
nicht beklagen.
Oder was wäre, wenn du so was
geworden bist wie ein Behinderter,
hättest nur drei Finger oder säßest
im Rollstuhl, was wäre dann?
Und da bin ich immer traurig.

Andrino S.

| Michael: | Da ward ihr nur zu zweit unterwegs? |
| Kevin: | Ja, da waren nur wir beide alleine. Bloß da haben wir uns auch noch regelmäßig, alle zwei Wochen, getroffen und haben eine Kneipentour gemacht, beide. Der hat nichts gekifft, damals, bloß was getrunken. Aber jetzt. Ist schon wieder zwei, drei Monate her, dass wir mal eine Kneipentour. gemacht haben. Weiß nicht. Er müsste jetzt hier sein, er wüsste das. Der hat seinen Verstand noch nicht so versoffen wie ich. |

| Michael: | Also im Endeffekt, meinst du, kann jeder machen, was er will. |
| Kevin: | Nee, ich für mich, für meine Person halte mich für sehr tolerant. Mehr nicht. Mehr kann ich dazu nicht sagen. |

| Michael: | Findest du, dass Leute ein gewisses Ideal anstreben sollten, eine gewisse Form von Lebensweise annehmen sollten? |
| Kevin: | Es sollte sich keiner eine suchen. Entweder man kommt drauf oder nicht. Ein Ideal sollte man schon haben. Nicht nur eins, wenn es geht. Es sollte auf dasselbe Ziel hinauslaufen. |

| Michael: | Was mit deinem übereinstimmt? |
| Kevin: | Nicht was mit meinem übereinstimmt, jeder für sich. |

| Michael: | Jeder für sich? Also im Endeffekt kann doch jeder machen, was er will? |
| Kevin: | Ja, es gibt bloß dann Stress, wenn zwei Ideale aufeinandertreffen. |

| Michael: | Aber dann nur, wenn keine Akzeptanz der verschiedenen Ideale da ist, oder? |
| Kevin: | Ach, derzeit lässt sich doch gar nichts mehr mit Worten lösen, zumindest nicht in der Jugend hier. |

| Michael: | Meinst du, das ist zu festgefahren, irgendwie? |
| Kevin: | Viel zu festgefahren. Wenn ich überlege, wenn ich mir Bücher angucke hier, Blue sixty nine, Glatzen, Punk, alles zusammen. Hauptsache gegen Staat. Gegen den Staat sind wir immer noch alle, aber na ja. Die haben alles in eine Ecke gedrückt. Und schon müssen sie sich gegenseitig in die Schnauze hauen. |

| Michael: | Empfindest du, dass du etwas Besonderes bist, durch deine Einstellung? |
| Kevin: | Ich bin für mich was Besonderes. Für mich selber, ja. Ob ich für andere etwas Besonderes bin, keine Ahnung. |

Michael:	Hat das was mit deinen Überzeugungen zu tun?
Kevin:	Nein, glaube nicht. Deswegen bin ich nichts Besonderes, nur weil ich was anders denke. Nein.

Michael:	Wie empfindest du das Verhältnis zu Ausländern. Was hältst du von ihnen?
Kevin:	Absolut nichts. Aber als logisch denkender Mensch, weiß ich auch, dass es ohne sie überhaupt nicht gehen würde hier in Deutschland.

Michael:	Was persönlich stört dich da direkt an Ausländer?
Kevin:	Ich kann mich entsinnen, ich bin schwarz mit der Bahn gefahren. Die Leute kommen auf mich und noch einen Kameraden zu, nehmen Personalien auf, und blabla. So und eine Station weiter steigt eine Riesenfamilie, irgendwelche Kanaken von sonstwo, ein, die setzen sich hin und werden nicht mal kontrolliert. Oder Neger steigt ein, kann kein Deutsch, steigt nächste aus, und ist weg. Na toll. Toll.
	Hat jetzt nicht so viel mit der MVB zu tun, sondern mit der ganzen Gesellschaft. Weil wir uns das immer so einfach machen, wie es nur geht. Bloß nicht richtig machen, wenn wir es dafür einfacher haben können. Daher hasse ich eigentlich mehr diese Gesellschaft, als irgendwelche Ausländer oder so. Ich hasse eigentlich das, was wir alle darstellen. Das ganze Volk, sage ich jetzt mal. Das hasse ich viel mehr, als irgendwelche Ausländer.

Michael:	Was stellen wir denn dar, in deinen Augen?
Kevin:	Das völlig Peinlichste, was es überhaupt gibt. So wie der Mensch nun mal ist. Egoistisch mit all seinen Nachteilen. Das kommt hier richtig derb durch. In jedem Einzelnen von uns, ob du oder ich das bin. Immer dieses Egoistische, immer: Zuerst komme ich. Obwohl ich das Egoistische auf mein Land gerne beziehe. Erst mein Land, dann der Rest der Welt. Das kotzt mich so an. Es zählt nur das Geld, und was weiß ich. Eine Moral gibt es in diesem Land, in diesem Staat eigentlich gar nicht. Aber ich kann auch kein Land nennen, wo es so ist.

Michael:	Würdest du im Ausland leben können, für eine gewisse Zeit?
Kevin:	Kanada, wäre so ein Traum von mir. Ein kleines Häuschen, da oben. Ja, nach Kanada würde ich gerne mal.

Michael:	Und warum?
Kevin:	Kanada ist für mich ein schönes freies Land. Kanada ist immer noch eine Klasse besser als Amerika für mich. Die lassen auch nicht jeden rein. Entweder

ich kann was, was sie da benötigen, oder ich hab genug Geld und lieg denen nicht auf der Tasche, irgendwie so was. Das ist für mich in Ordnung. Deshalb ist Kanada in der Weltklasse noch nie als rassistisch empfunden wurden, oder?

Michael: Was hast du für Hoffnungen, Träume, Wünsche, so für dich persönlich?

Kevin: Vielleicht ein bisschen weit hergeholt. Das sämtliche Ostgebiete, die wir haben abtreten müssen, unsere Großmütter und Großväter vertrieben wurden, dass das irgendwann mal wieder Deutschland ist. Muss nicht den Namen Reich tragen, aber das sich das irgendwann mal wieder deutsch nennt, sich deutsch schimpft und auch deutsch gesprochen wird. Na ja, und in der „Mühle" könnten sie mal wieder Bier ausschenken.

Michael: Und für dich ganz persönliche Träume oder Hoffnungen, so Familie vielleicht?

Kevin: Ja, Hausfrau, Kind, oder meinetwegen zwei Kinder, ein Bengel und eine Tochter.

Michael: Das würde dir schon so vorschweben?

Kevin: Ja, mein Traum kommt so dem von den Spießern so am nächsten.

An Rechts

Ode von Matthias S.

Abends wird's in Olvenstedt
Trotz grau in grau so richtig nett.
Wir ziehen gemeinsam durch die Straßen
Alberten rum, bis wir die Zeit vergaßen
Etwas Schräges dringt in mein Ohr
Lautes Geschrei: ah ein Männerchor!
Ist mir einerlei, hab sie schon zu oft gesehen.
Diese braunen Idioten, die nix verstehen.
Sie singen von Fußball, von FCM
Dann höre ich, wie sie die Erde trennen
Deutschland und der Rest, schwarz und weiß
Bekloppte Parolen, gequirlter Scheiß.
Ich frag mich, wer kann an so was glauben.
Sie sind nicht nur locker, ihnen fehlen die Schrauben.
Einer baut sich nun vor uns auf
Und meint, er haut uns jetzt eins drauf.
Also erst mal fängt er an zu reden
Fängt an, seine Idiotie zu beten.
Lass sein, hör auf zu schrein!
Welche Blutgruppe hast du, welche Farbe deine Augen?
Brauchst du diese Crew, die Glatzen, diese Fratzen.
Mal im Ernst, wir haben die Freiheit, selbst zu entscheiden
Was wir tun oder lassen, was wir lieben oder hassen
Manche können's noch immer nicht fassen
Denken zu eckig und brauchen die Rassen
Vorurteile lenken dein Denken
Sie können keine Klarheit schenken
Alles relativ, versuch's zu verbiegen
Sie es mal subjektiv, auch du kannst fliegen
Kannst die Naziidiotie besiegen
Unser Planet kann die Bedürfnisse aller Menschen abdecken
Doch die Gier nach Macht lässt alles natürlich Schöne verrecken.

Träume Wünsche & Visionen

Manchmal wünsche ich mir nur tot zu sein
und manchmal möchte ich unsterblich sein.

Patrick S.

Wo ist der Sinn im Leben?

Interview mit Steve A.

Michael:	Erzähl von dir, an was du dich so erinnern kannst in den letzten 10 oder mehr Jahren.
Steve:	Na ja, ich bin Steve, bin 19 Jahre und wurde am 9.12.1982 geboren. Vom Kindergarten weiß ich nicht viel, weil ich in verschiedenen Kindergärten war, weil ich oft umgezogen bin früher.
Michael:	Hast du Geschwister?
Steve:	Ich habe noch 5 Geschwister. Mein Bruder ist 17, meine Schwester wird dieses Jahr am 20. April 16. Dann habe ich noch einen anderen Bruder, der wird, glaube ich, 12, dann habe ich noch eine Schwester, die ist jetzt 9, und einen kleinen Bruder, der wird jetzt 8. Zu Hause habe ich keine Probleme gehabt. Wenn ich eine schlechte Zensur mitgebracht habe, dann hat meine Mutter gesagt, na, das nächste Mal aber besser und so, oder Hinsetzen mal für eine Stunde, aber ich war fast immer draußen, in der „Mühle" und auf dem Bauspielplatz. Aber trotzdem habe ich mich dann seit der Sekundarschule hochgerappelt, ohne hängen zu bleiben. Und jetzt mache ich meine 10. zu Ende.
Michael:	Du machst jetzt erst einmal die 10. Klasse zu Ende. Weißt du auch schon, was du anschließend machen möchtest?
Steve:	Kfz-Mechaniker oder Maurer. Aber eher Mechaniker, weil ich auch an meinem Fahrrad viel mache, ich baue gern an meinem Fahrrad. Ich habe mein Fahrrad auch halbwegs selbst zusammengebaut, weil es mir einfach mal Spaß macht, irgendwelche Fahrräder zusammenzubauen. Ich habe auch schon vieles alleine geschafft, ohne irgendwelche Hilfe. Das finde ich auch ganz gut so. Darum habe ich gesagt, ich mache Kfz-Mechaniker, da habe ich auch mein Praktikum im Autohaus gemacht, und das hat mir einfach mal gefallen. Was mir nicht gefallen hat, das war LKW. Es war irgendwie immer dasselbe. Die Autos kamen da rein und dann, was hatten sie? Einen Getriebeschaden. Die kamen alle bloß mit einem Getriebeschaden. Ich konnte das schon gar nicht mehr hören. Aber so Kfz-Mechaniker für PKW, das wäre schon was Geiles. Ich bewerbe mich jetzt auch überall, auch in Hannover, also auch außerhalb, nicht nur in Magdeburg. Will hoffen, dass ich was kriege, da freue ich mich schon drauf. Als Kfz-Schlosser oder Fahrradmechaniker, das wäre auch etwas Schönes.

Mein Traum ist es wirklich, irgendwann einmal ab nach Portugal und da niederlassen. Ich würde gern ins Ausland, einfach bloß in Ruhe leben, völlig abgeschottet von der ganzen Welt.

Danny

Mir gefällt es zu relaxen und zu toben. Auf der Straße zu tanzen und lachende Gesichter zu sehen, und Menschen die ihre Freude mit anderen teilen.

Matthias

Michael:	Was hast du für Träume und Ziele im Leben?
Steve:	Großartig keine. Ich finde keinen Sinn fürs Leben. Ich gehe arbeiten, bin völlig geschafft, muss schlafen und so, Spätschicht, das ist dann nachher alles dasselbe. Ich muss eigentlich für mein Leben arbeiten. Um Geld zu verdienen, und dass ich leben kann, aber irgendwie sehe ich trotzdem keinen Sinn, weil ich einfach für mein halbes Leben in die Schule gegangen bin, da hatte ich noch gut gängig Freizeit gehabt, aber wenn ich arbeiten muss, dann sehe ich keinen richtigen Sinn. Ich habe einfach mal nichts großartig von meiner Freizeit, außer am Wochenende, wenn ich Glück habe. Sonst sehe ich eigentlich nichts Gutes in der Zukunft. Und auch so nicht, mit der Umwelt und so. Es werden viel Bäume abgeholzt und überhaupt gibt es nicht mehr viel Wälder. Magdeburg ist noch gut mit Parks und so, das finde ich cool, aber wenn ich jetzt andere Städte sehe, finde ich es nicht so toll. Außerdem würde ich gern mal durch ganz Amerika fahren. Das ist wirklich ein Traum von mir. Dafür muss ich lange sparen, um da hochzukommen.

Michael:	Was gibt es noch so für Dinge, die dich begeistern? Hast du ein Hobby, machst du Sport?
Steve:	Sport habe ich früher mal gemacht.

Michael:	Was denn?
Steve:	Ich habe vier Jahre Fußball gespielt, erst ein Jahr beim FCM und dann 3 Jahre bei MSV 90 Preußen. Da habe ich lange genug meine Zeit verbracht. Da habe ich auch viele Leute kennen gelernt, durch Fußball lernt man auch viel Leute kennen. Das ist auch gut. Man hat ja nicht nur aus seiner Mannschaft welche kennen gelernt, sondern auch aus anderen Mannschaften.

Michael:	Was bedeuten die Freunde für dich?
Steve:	Denen erzähle ich nicht viel.

Michael:	Hast du nicht Freunde, denen du total vertrauen kannst?
Steve:	Nein, weil die meisten auch weggezogen sind. Die meisten wohnen hier nicht mehr und die meisten arbeiten jetzt auch schon und die sehe ich auch nicht so oft und da kann man auch nicht viel erzählen.

Michael:	Und wie ist das mit deinen Eltern, kannst du mit denen erzählen?
Steve:	Vielleicht schulische Probleme. Meine Mutter sagt dazu eigentlich nichts, die sagt nur: „Schaff' das und dann wirst du das auch bringen."

Ich hoffe, dass ich gesund bleibe, dass meine Familie gesund bleibt und dass meine Freunde gesund bleiben. Des Weiteren wünsche ich mir fürs Leben, dass ich meinen Arsch richtig zusammenreiße und die Lehre durchziehe und so und dass ich auch jetzt durchhalte, allen mal zeige „Ich bin wer" und so. Und dass ich Selbstvertrauen kriege, denn ich habe keins. Und was ich noch hoffe ist, dass ich vielleicht gut leben kann, es muss nicht Reichtum sein, dass ich einfach nur genug Geld habe, zu leben und so und mir auch was leisten kann und so, dass ich eine Familie gründen kann. Ein Eigenheim, wenn ich eine große Familie habe und ein Auto und so, halt eine Durchschnittsfamilie. Und dass ich später nicht in einem Altersheim sterbe, sondern in Ruhe und Frieden. Dass ich sagen kann, ich habe etwas erreicht in meinem Leben, ich kann stolz auf mich sein, dass ich in Ruhe und glücklich der Welt entfliehe.

Andrino

Michael:	Und dein Vater?
Steve:	Der ist nicht mein richtiger Vater, ich kenne meinen richtigen Vater nicht. Darum, zu dem habe ich kaum eine Bindung.

Michael:	Hast du noch mal Kontakt gehabt mit deinem Vater? Mit deinem richtigen Vater, deinem leiblichen?
Steve:	Nein, den kenne ich absolut nicht. Mein Onkel erzählt bloß öfter „Du bist genau wie dein Vater" und so. „Du siehst so aus", weil ich größer bin als meine Eltern, also der Größte aus der Familie. Meine Mutter hat mal was erzählt. Sie wollte unbedingt mit ihm zusammenkommen, dann ist er aber zur Bundeswehr gekommen und bei der Bundeswehr hat sich irgendwie alles gewendet, da ist er dann vielleicht fremd gegangen oder so und meine Mutter dann auch und da war dann alles vorbei. Mehr weiß ich da auch nicht.

Michael:	Was denkst du, wie hat sich Olvenstedt verändert in den letzten Jahren seit der Wende?
Steve:	Da gab es noch nicht so viele Krawalle wie in Olvenstedt und überhaupt durch die ganzen Nazis und Punks und Ausländer, gab es auch nicht so viele früher.

Michael:	Wie ist das für dich mit Ausländern? Hast du mit denen ein Problem oder ist dir das egal? Wie stehst du denn zu denen?
Steve:	Ich habe Probleme mit Ausländern, die Stress machen wollen, auch klauen und allen möglichen Schnickschnack. Aber so, die hier auch arbeiten oder irgendwas machen wollen, was unternehmen wollen, dagegen habe ich nichts. Ich habe auch viele Ausländer, Albaner und so was gekannt, auch einen Neger, habe ich, glaube ich, auch mal gekannt. Auch in Hermannshagen in den Ferien hab ich Ausländer kennen gelernt, da habe ich nie Probleme mit gehabt. Werde ich auch nie, weil, warum? Ich brauche keinen Ausländer aufmöbeln, bloß weil er eine andere Farbe hat als ich oder so. Ich kenne meine Vorfahren alle nicht, also, ich kann vielleicht auch eine Abstammung von irgendeinem Ausländer haben oder so, das weiß ja keiner. Und darum habe ich gegen die Leute nichts, die können machen, was sie wollen, solange sie nicht irgendwelche Scheiße bauen oder so. Oder vom Staat leben. Weil, die kommen dann erst mal bloß, leben dann 3 Monate mietfrei und dann holen sie noch mehr, ohne Papiere und alles, rüber. Also ich wohne in einem Hochhaus, und daneben auch, da haben sie schon oft welche rausgeholt, die da illegal reingekommen sind. Die hier legal wohnen, da habe ich nichts dagegen.

Michael:	Was macht dir am meisten Spaß?
Steve:	Spaß macht mir vieles, weil ich gern lache. Ich mache auch viel Scheiße, dass

man lachen kann. Mit irgendwelchen Leuten irgendwas machen oder irgendwohin fahren, in den Stadtpark oder so, eine Runde Fußball spielen, oder irgendwas anderes machen, vielleicht auch wie zwei kleine Kinder auf einer Schaukel sitzen und schaukeln. Einfach so just for fun einfach irgendwohin zu fahren, spontan etwas zu unternehmen. Das macht viel mehr Spaß, als sich irgendwas zu planen oder so. Beim Fußballspielen habe ich auch viel Spaß, weil, es ist ja nicht nur Fußballspielen, sondern wir machen auch unter uns Scherze und Späße und so. Bis jetzt ja eigentlich lebe ich nicht schlecht, ich lebe eigentlich gut. Genug Geschwister, ich kenne viele Leute, habe keinen Ärger großartig oder gar nicht, sozusagen.

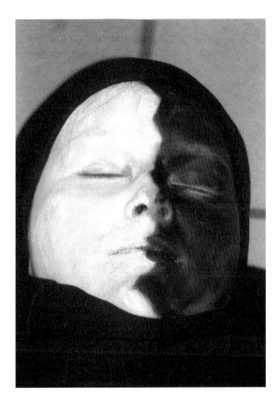

Ich würde gern mal durch ganz Amerika fahren. Das ist wirklich ein Traum von mir. Dafür muss ich lange sparen, um da hinzukommen.

Steve

Mein Lieblingsort ist ..., weil ...

Mein Lieblingsort ist ...?
Tschia, ich habe keinen
bestimmten Lieblingsort!
Ich bin mal da mal da und
wenn es mir da nicht gefällt,
gehe ich woanders hin.
Bianca

Hmm ... das ist eine schwierige Frage, ich bin halt mal
hier, mal dort.
Ich habe viele Lieblingsplätzchen,
zu Hause auf der Couch, in der „Mühle" auf dem Sofa,
oder auf einem Berg sitzen und
den Sonnenuntergang anschauen.
Andrino

Die Badewanne.
Cindy

Mein Lieblingsort ist das Bett, weil ich darin schlafen
kann.
Steve

Die Natur. Ich finde es faszinierend,
wie sich die Farben und Formen der Natur
verändern.
Aileen

Mein Kopf, weil es da alles gibt.
Patrick

Betreff: Ein paar Gedanken

Text von Tina M.

Von: ti.mo@firemail.de
An: dickesb@firemail.de
Empfangen: 19.12.2001 15:30 Uhr MEZ

Hi, dickes B.,

Na du stellst mir vielleicht viele Fragen. Da ich ja nur ein Teil von dir sein soll, werde ich wohl nur einige Passagen schildern, sonst könnte ich bald selbst als Eigenständiges neben dir stehen.

Meine Schwester hat zu mir gesagt, ich soll mit dem Satz: „Ich wollte einst ein Straßenbahnfahrer werden", beginnen. Ihr Wunsch sei mir Befehl.

Wenn ich so zurückblicke, denke ich, einen typischen Werdegang in meiner Kindheit und Jugendzeit zurückgelegt zu haben: Ich wuchs mit meinen zwei Geschwistern in Alte-Neustadt und Olvenstedt auf; ging in die Grundschule und in den Hort; war in etlichen Ferienlagern; kam in den Genuss, ein stolzer Jungpionier zu sein; beteiligte mich an den verschiedensten Freizeitsportarten und betrieb Leistungssport beim Rudern.

In der Jugendzeit kam dann der Wechsel zum Gymnasium, zudem hielt ich mich vorzugsweise in einem Jugendclub auf, betrieb Cliquenwirtschaft und natürlich die Auseinandersetzung mit dem anderen Geschlecht.

Nun bin ich 21 Jahre jung oder alt, und Themen, die in den letzten Jahren meine ständigen Wegbegleiter waren, sind die sozialen Kontakte und was ich so mit meinem Leben alles so anfangen und anstellen würde und werde.

Mein größte Wunsch ist eigentlich, nichts Normales zu tun, den Moralvorstellungen den Rücken zu wenden und kein Teil klassischer Biographien zu werden, unter Berücksichtigung bestehender Möglichkeiten versteht sich.

Nichts ist schlimmer, als mit der Vorstellung leben zu müssen, diesen beliebigen „Heute"-Tagen jetzt schon zu verfallen: wieder neun Stunden zu arbeiten, sich frei nehmen, um ein paar Wege zu erledigen, einzukaufen, die Morgen- und Abendzeitung am besten gleichzeitig zu lesen, etwas zu vergessen, seine Verabredungen auch alle einzuhalten, jemand anrufen zu müssen. Solche Tage eben, an denen etwas passieren muss und doch nichts passiert ...

Der Routine kann man ja nicht weglaufen, logisch, aber ich will wenigstens die Gewissheit haben, wenn es reicht, auch gehen zu können.

Ja, mit der heutigen Ansicht kann ich nun kaum noch Straßenbahnfahrer werden: Neben dem Im-Winter-frieren und im Sommer-der-Sonne-hilflos-ausgesetzt-sein und den ganzen Tag lang eine Linienroute zu fahren, kommen auch noch Rushhour, träumende Fußgänger, gestresste Autofahrer, verrückte Skater und Fahrradfahrer, die noch nie etwas von der STVO gehört haben, hinzu. Keine Chance auszuweichen, wegzusehen oder gar abzuhauen, gefangen auf diesen Gleisen? Nein, das kann es nun wirklich nicht sein.

Nach dem Abi hab ich mich, mit den vielen Möglichkeiten, die die Welt für einen bereitstellt erst einmal für eine Privatakademie entschieden, die uns die Tür für Marketing, Medien und Kommunikation öffnen wollte. Hier war viel Eigeninitiative gefragt. Da die Schule nur am Wochenende stattfand, wurde die Woche über das Leben eines Praktikanten erforscht. Der Vorteil war bei aller Eigenorganisation, dass ich auch die Praktikumsplätze wechseln und mir aussuchen konnte, um mich dem K(r)ampf, Bewerbungen zu schreiben und Vorstellungsgespräche zu besuchen, erneut zu stellen. Im Endeffekt arbeitete ich in den zwei Jahren in sechs verschiedenen Betrieben. Bei meinem letzten Praktikum gefiel es mir so gut, dass ich mit einer Träne im Auge die Rasselbande verließ. Ein Jugendreiseveranstalter, wo es in der schönsten Jahreszeit keine Pause geben kann. Hier hatte ich diese „Heute"-Tage unter Extrembedingungen kennen gelernt, ohne meine tollen Kollegen, mit denen man bei allem Stress trotzdem immer viel Spaß hatte, wäre ich bestimmt schon nach ein paar Monaten wieder gegangen.

Ich glaub auch, dass meine Wahnvorstellung vor diesen „Heute"-Tagen Grund dafür ist, dass ich nach den zwei Jahren Ausbildung nicht dort geblieben bin. Dafür habe ich jetzt den nächsten Schritt in meiner Biographie getätigt und hab meiner Heimatstadt den Rücken gekehrt, um ein neues Kapitel zu beginnen: ich bin nach Leipzig gegangen, um den Alltag eines Studenten auszuprobieren. Mal sehen, wie lange mich das glücklich macht ...

Ja, und was bei solch einem Leben, wie ich es angefangen habe, teilweise auf der Strecke bleibt, sind wohl die sozialen Kontakte. Aus früherer Cliquenwirtschaft stehe ich nur noch mit den wenigsten Leuten im Kontakt und das zum Teil auch nur sporadisch. Die Selektion war ganz schön radikal, da jeder anderen Interessen freiwillig oder zwangsweise gefolgt ist. Aus Freunden wurden Bekannte. Aber die, die sich jetzt noch Freunde schimpfen, sind dann wohl auch welche ...

Durch die vielen neuen Eindrücke bin ich aber auch Leuten begegnet, die ich heute unter keinen Umständen vermissen möchte. Auch wenn die verdammte Entfernung und das seltene Sehen mir manchmal den Verstand rauben.

Schönen Gruß an Berlin, Magdeburg, Freiburg, Sangerhausen (bald auch Zürich) und Italien!!!

Bis dahin
Tina

Mir gefällt mein Leben, weil ...

... es so viele Möglichkeiten gibt,
sein Leben zu leben und zu verändern, wenn es nicht mehr passt.
Wär' ich zu früh geboren, wäre ich lange im Ostblock
eingesperrt gewesen, wäre ich zu spät gekommen,
hätte ich noch weniger Luft zum Atmen
(6 Milliarden Menschen, Industrie!, Globalisierung!).
Patrick

... es nicht schöner sein kann.
Es gibt so viele neue und interessante Dinge zu entdecken,
die das Leben schöner machen.
Ich lese gerne und das ist vielleicht
auch eines der schönsten Dinge am Leben. Freunde haben,
Freundin haben und 'nen gutes Buch, das wär' mein privates Glück
Andrino

... ich das Beste draus mache und nur das eine habe.
Das schönste und schlimmste Leben, das ich je hatte.
Ich genieße jeden neuen Tag.
Matthias

... ich zur Zeit glücklich und zufrieden bin.
Aileen

... es gestaltbar ist.
Anonym

Was ein Pappkarton und ein altes Mecklenburger Gutshaus gemeinsam haben

Zur Jugendarbeit des Spielwagen e.V. - Verein zur Förderung eines kinder- und jugendgerechten Lebens in der Stadt

Liane Kanter

Balanceakt

Um in der Gegenwart Sinn und Ansätze der Jugendarbeit aus den spezifischen zwölfjährigen Erfahrungen des freien Trägers Spielwagen e.V. reflektierend und vorausschauend zu beschreiben, müssen verschiedene Ebenen der Betrachtung berücksichtigt werden – die jungen Menschen mit ihren aktuellen Lebenssituationen, die daraufhin angemessenen sozialpädagogischen Handlungsstrategien, Aktions- und Reaktionsweisen und auch die vielschichtigen, widersprüchlichen, paradoxen Bedingungen für diese Arbeit.

Die Sinnkrise der pädagogischen Berufe macht auch um die MitarbeiterInnen der freien und offenen Kinder- und Jugendarbeit keinen Bogen. Ursache ist dafür wohl vor allem das in der Pädagogik nicht neue Problem, für das Handeln niemals eine Wirkungs- oder Erfolgsgarantie ausmachen zu können. Angesichts der heute oft extrem problematisch erscheinenden Jugend und der unübersichtlichen gesellschaftlichen Zusammenhänge erhält dieses alte Problem wohl neue Bedeutung. Immer wieder gilt es, sich der allgegenwärtigen Zweifel, Unsicherheiten, der drohenden Ängste und der Resignation erfolgreich zu erwehren. Immer wieder ein Balanceakt! Mit welchen Mitteln und Methoden der Magdeburger Spielwagen e.V. diese Ambivalenzen auszuhalten versucht, soll im Folgenden veranschaulicht werden:

Geschichte

Der Verein ging 1990 aus der schon in der DDR ehrenamtlich arbeitenden, jedoch nicht staatlich angebundenen Gruppe „Spielwagen" hervor. Seit 1984 engagierte sich die Gruppe mobil, flexibel, aktiv für die Spiel- und Freizeitsituation von Kindern in der Stadt.

Mit phantasievollen, an- und aufregenden Spielaktionen an verschiedenen Orten – wie Turnhallen, Straßen, Spielplätzen, Schulräumen – wurden Alternativen zu der sozialistisch durchorganisierten Freizeit geschaffen. Es wurden für und mit den Kindern Spiele entdeckt und ausprobiert, Spielräume und -materialien erschlossen und Spielideen entwickelt. Diese Spielmobilarbeit verstanden und verstehen wir nicht - im Gegensatz zu der in den Altbundesländern vorherrschenden Auffassung – als Bereitstellung fertiger, benutzbarer Spielelemente, sondern als phantasievolle, kreative, lustvolle, spontane, überraschende, abwechslungsreiche Aktion, die Erwachsene und Kinder gemeinsam tätig werden lässt. Dabei wurden ausschließlich die eigene Person und einfache Materialien verwendet, die wandel- und gestaltbar sind und eine Vielzahl von Spiel-, Bau- und Bastelmöglichkeiten zulassen. Beliebtestes Material in dieser Zeit war der schlichte graubraune Pappkarton.

Er war und ist überall zu haben, meistens irgendwo im Wege, zusammengefaltet leicht zu transportieren, kommt in vielen Größen und Formen vor, ist wieder verwendbar, recyclebar und bietet wahrhaft ungeahnte Wandlungsmöglichkeiten. Er ist schon als Auto, Schiff, Wohnung, Mauerstein, Krankenhaus, Lokomotive, Geschenkpaket, Zauberkasten, Trampolin, Kleidungsstück und sogar als Denkmal gesehen worden. Der Pappkarton mag besonders Kinder mit ihrer Vorstellungskraft, ihren Erfahrungen und Ideen, so wie die Kinder den Pappkarton mögen wegen seiner vielen Gestalten und Gesichter. Er lässt sich auch ganz vorteilhaft mit anderen Materialien in Verbindung bringen – so zum Beispiel Farbe, Strick, Knete, Gips, Kleber. Die Erwachsenen sagen, dass bei solchen Spielaktionen die verschiedenen Formen des Spiels, nämlich Funktionsspiel, Konstruktionsspiel, Regelspiel und Rollenspiel sinnvoll und lebendig miteinander verknüpft werden und Freiheit, Phantasie, Kreativität, Selbstbestimmung, Achtung, Selbstvertrauen bei den Kindern gefördert werden.

Diese konzeptionellen Grundgedanken, die Nutzung von vorwiegend einfachen Materialien und die Orientierung der Angebote auf das freie, selbstbestimmte Tätigwerden durchziehen und prägen bis heute in verschiedener Weise die Arbeit des Vereins.

Nach der alles verändernden gesellschaftlichen Wende erweiterten sich die Möglichkeiten für solche Arbeit beträchtlich. Es konnte sich der Verein gründen und feste Räumlichkeiten zur Nutzung für die offene Kinder- und Jugendarbeit wurden erobert.

Im Laufe der ersten zwei Jahre entstanden der Kinderladen „Spielemma", der Kinder- und Jugendtreff „Mühle" und der Abenteuer/Bauspielplatz „Mühlstein" – Einrichtungen offener Arbeit mit Kindern und Jugendlichen. Aus der anfangs eher soziokulturell orientierten Arbeit ist mit der Schaffung von festen Einrichtungen und einem festen Besucherstamm eine sozialpädagogische Arbeit geworden.

Einrichtungen

Der Kinder- und Jugendtreff „Mühle" ist die größte Einrichtung des Vereins, die auch am ausgiebigsten Kraft, Zeit, Engagement und Zuwendung beansprucht. Gelegen in Neu-Olvenstedt, dem größten und bekanntesten Neubaugebiet Sachsen-Anhalts, bietet die „Mühle" zu regelmäßigen Öffnungszeiten Spiel- und Kommunikationsräume, sozialpädagogische Beratung und Einzelfallhilfe, eine künstlerisch-kulturelle Werkstatt, die Medienwerkstatt für Foto, Film und Video sowie Angebote wie Basteln, Malen, Theater spielen, Kochen, verschiedene situationsbezogene Projekte, Ausflüge, Kurzfreizeiten, Ferienfreizeiten und erlebnispädagogische Aktionen.

Das Altersspektrum ist in dieser Einrichtung sehr groß. Es kommen Kinder von 6 bis 13 und Jugendliche von 14 bis 26 Jahren in die verschiedenen, altersgemäß strukturierten Räume.

Der pädagogisch betreute Abenteuer/Bauspielplatz „Mühlstein", auch in Neu-Olvenstedt, ist Ort für vielfältige naturbezogene Tätigkeiten. Dort können Kinder vor allem mit Materialien und Werkzeug umgehen lernen, sich Hütten bauen oder sich im Gartenbereich an der Pflege der Pflanzen versuchen. Innerhalb verschiedener Projekte kann man Schnitzen lernen, Körbe flechten, spinnen, weben, filzen, im Lehmofen backen, am Lagerfeuer sitzen oder Spiele mit Wasser, Wind und Luft erfinden. Seit 1996 zählen der geschaffene Geflügelbereich mit Enten, Hühnern und Gänsen und seit 1998 die Schmiedewerkstatt zu den Attraktionen des Platzes. Hahnenschrei, Lagerfeuer und schiefe Bretterbuden geben einen so wunderbaren Kontrast zu den umstehenden Plattenbauten ab. Damit vermittelt der Platz auch die Erfahrung von Möglichkeit und Realisierbarkeit alternativer Lebensformen.

Der Kinderladen „Spielemma", älteste und traditionsreichste Einrichtung des Vereins in einer Parterrewohnung eines alten, aber neu sanierten Mietshauses, lädt mit neuen, bunten, fröhlichen Räume in erster Linie 6–14-jährige Kinder des Stadtteils ein, miteinander zu quatschen, zu werkeln; eben einfach gemeinsam Erfahrungen zu sammeln. Die Einrichtung hält 2–3-mal wöchentlich spezielle Angebote wie Töpfern, Theater spielen, Leseaktionen, Malen, Kochen, Bauaktionen bereit und ist ansonsten einfach offen. Neben Exkursionen gibt es auch größere Veranstaltungen wie Kinderfeste, Spielaktionen, Beteiligung an Stadtteilfesten und Ferienfreizeiten in der „Villa Misthaufen" und anderswo.

Über die Arbeit in den genannten Einrichtungen hinaus findet auch eine spezielle Arbeit mit straffälligen Jugendlichen statt, d. h. es werden Projekte zur Kriminalitätsprävention durchgeführt, Beratung und Begleitung im Strafverfahren gewährt und Jugendliche bei der Ableistung gemeinnütziger Arbeitsstunden betreut. Der Bereich der Ferienfahrten, erlebnisorientierten Aktionen und Fahrten sowie der Wochenendfreizeiten nimmt einen breiten Raum ein, wovon weiter unten noch ausführlicher die Rede sein soll.

Offenheit

Die Offenheit der Arbeit des Vereins lässt sich auf vierfache Weise beschreiben: die Offenheit der Türen und Tore der Einrichtungen, die regelmäßig und verlässlich für jedermann zugänglich sind; die Offenheit der Sinne beim sozialpädagogischen Mitarbeiter, der sensibel die Interessen, Bedürfnisse und Nöte der jungen Menschen wahrnimmt und für sie immer ein „offenes Ohr" hat; die Offenheit der Inhalte, Ziele, Chancen und Möglichkeiten, die nicht an politische, konfessionelle oder weltanschauliche Orientierungen gebunden sind. Zum Letzten bedeutet es die Öffentlichkeit der Arbeit, denn die Aktivitäten sind transparent und einsehbar für jedermann. Diese Offenheit bedeutet jedoch nicht Austauschbarkeit, Beliebigkeit, Grenzenlosigkeit. Halt und Orientierung können solche Einrichtungen nur geben, wenn in ihnen klare Grenzen und Regeln des zwischenmenschlichen Umgangs herrschen. Solche Regeln zu vereinbaren, bedeutet in den Einrichtungen immer wieder neu, anstrengende Aushandlungs- und Diskussionsprozesse anzuzetteln und auszuhalten. Für uns ist die offene Arbeit mit Kindern und Jugendlichen stets in Entwicklung und Veränderung begriffen. Weil wir eben mit Menschen arbeiten, die selbst beständig in ihrer Entwicklung verwickelt sind.

Eines der für uns wichtigsten Qualitätsmerkmale ist die Kontinuität und Beständigkeit. Dass es über einen langen Zeitraum eine Einrichtung gibt als Ort der Begegnung resp. Kommunikation, an dem Erwachsene Aufmerksamkeit, Zuwendung, Verständnis, Ideen, Aktionen, Reibungspunkte in einem nicht starren, gestaltbaren Rahmen anbieten, mag von Kindern und Jugendlichen in ihrer Entwicklung als verlässliche Orientierungshilfe wahrgenommen werden, derer sie in einer Zeit der Schnelligkeit, Flüchtigkeit, Austauschbarkeit so dringend bedürfen.

Besucher

Bei Gesprächen mit erwachsenen Menschen, die die „Mühle" oder den „Mühlstein" zur Besichtigung besuchen, was recht häufig vorkommt, wird uns immer wieder die Frage gestellt, was denn das für Kinder und Jugendliche sind, die in die Einrichtungen kommen. Erwartet man darauf eine Antwort aus dem Spektrum „rechts - links - Stinos", müssen wir enttäuschen. Erstens hegen wir bewusst und engagiert eine starke Abneigung gegen solche Art der Einordnung und Stigmatisierung und außerdem müssen wir zur immer wieder erneuten Verwunderung sagen, dass die Besucher tatsächlich aus vielen verschiedenen Gruppen, Altersstufen und Orientierungen kommen. Da kommt es durchaus vor, dass der Junge, der sich mit dem eisernen Kreuz schmückt, neben dem Mädchen mit den buntgefärbten Haaren steht, dass der 20-Jährige dem 6-Jährigen freundlich Platz macht auf dem Weg zur Bar, dass der

26-Jährige arbeitslose Alkoholiker mit der 16-jährigen Gymnasiastin Tischtennis spielt, dass Langhaarige und Kurzhaarige gemeinsam am Lagerfeuer singen und, und, und.

Im Laufe der Jahre hat sich ein Grundklima der gegenseitigen Akzeptanz unter den verschiedenen jungen Menschen zwischen 6 und 26, die in den unterschiedlichen Projekten aufeinandertreffen, herausgebildet. Dieses muss selbstverständlich mit viel Aufwand täglich neu erarbeitet, gepflegt und aktualisiert werden. Daran haben nicht zuletzt die MitarbeiterInnen mit ihrem Stil, ihren eindeutigen Positionen, ihrer ständigen Diskussionsbereitschaft und dem deeskalierendem Verhalten entscheidenden Anteil.

Wir betrachten die Einrichtungen als Schutzräume, in denen erst einmal jeder so sein kann und angenommen wird, wie er ist. Angebote zur kommunikativen, kulturellen, sportlichen, politischen, handwerklichen Betätigung werden zahlreich unterbreitet und bieten Chancen zur Blickfeld erweiterung, kritischen Auseinandersetzung und einer ganz individuellen selbstbestimmten Entwicklung.

Wohl keines der gesamtgesellschaftlich diskutierten und medial ausgeschlachteten Jugendthemen macht einen Bogen um „Mühle" und „Mühlstein": Jugendarbeitslosigkeit, Lehrstellenmangel, Zukunftsangst, Drogenkonsum, Aggressivität, Rechtsorientierung, Alkoholmissbrauch, Schulfrust, zerrüttete Familienverhältnisse, Kriminalität. Dazu kommen individuelle Benachteiligungen, soziale Defizite und Störungen.

Möglicherweise ballen sich junge Menschen mit multikausalen Problemkonstellationen in solchen offenen Einrichtungen besonders stark, denn wo gibt es sonst noch öffentliche Einrichtungen, in denen junge Menschen all dies unverhüllt aus sich herauslassen.

„Villa Misthaufen" in Mecklenburg

Aus dem Bestreben heraus, mit den jungen Menschen in der Stadt andere Lebens- und Erfahrungsräume zu erschließen und erlebbar zu machen, hat der Verein 1991 in einem abgeschiedenen kleinen Dorf im Mecklenburger Land ein altes Bauernhaus – die „Villa Misthaufen" – gepachtet, in dem regelmäßig Ferienfreizeiten und erlebnisorientierte Projekte, Bildungsmaßnahmen und Workcamps stattfinden.

Die räumlichen Bedingungen sind dort auf eine vielseitige Nutzung abgestimmt. So gibt es neben den Schlafräumen die multifunktionale Werkstatt, den Spielraum und die sehr variabel einsetzbare Scheune. Sie verwandelt sich wahlweise in einen Schlaf- und Ruheplatz, eine Theaterbühne, einen Party- und Discoschuppen, einen Ort um herumzutoben, als Raum für sportliche Spiele, in einen Gruppenraum und vieles andere mehr. Die Aktivitäten werden mit der gesamten Gruppe besprochen und abgestimmt, nach Bedarf, also Lust und Laune der Kinder und Jugendlichen, werden Ausflüge ins nahe und weitere Umfeld unternommen. Meist sind es abenteuerliche Wanderungen oder geheimnisvolle Verfolgungsjagden im nahen Wald sowie im Umfeld des Hauses. Aber auch ruhige Exkursionen zum aktiven Erleben von Natur und Umwelt sind von den Teilnehmern gewünscht.

Grundlegend für die verschieden strukturierten Projekte an diesem Ort ist die einfache Lebensführung, die Wahrnehmung der Natur, das Aufeinander-angewiesen-Sein in der Gruppe und das aktive Tätigsein. Gemeinsam Essen bereiten, Äpfel sammeln, Holz hacken, Sterne besehen, Zäune streichen, Boote bauen, Steine sammeln, Spiele spielen, im Heu schlafen, Angeln, Baden, über die Felder laufen, Hütten bauen, Dächer decken u. v. a. m. sind für die meisten Stadtkids viele neue Erfahrungen, die sie staunend, begeistert und anfangs mitunter auch irritiert aufnehmen.

Wichtig ist dem Verein auch in diesem Arbeitsbereich, dass Kinder und Jugendliche über selbständige handwerkliche, künstlerische, kommunikative Tätigkeiten vielseitige Fähigkeiten erwerben und entwickeln und Selbstvertrauen erlangen. Die Kenntnisse über die natürliche Umwelt sollen zu Achtung und Verständnis für die ursprünglichen und elementaren Lebensgrundlagen führen. Es gibt an diesem Ort viele Freiräume, in denen Heranwachsende eigenständig und selbstbestimmt Erfahrungen machen können. Für viele ist dadurch das Dörfchen Hermannshagen zu einer Art „Kultstätte" geworden, an der eine ganz eigene, besondere Stimmung über allem Tun und Erleben liegt.

Gegenüber der Villa Misthaufen steht ein 200 Jahre altes Gutshaus, das nach langer und bewegter Geschichte nun schon geraume Zeit verfällt. Vor drei Jahren hat der Verein begonnen, mit kompetenten Partnern und der Energie und Begeisterung vieler junger Menschen aus Magdeburg das Projekt „Wiederaufbau Gutshaus zu einem Begegnungskommunikationsumweltbildungskreativhandwerkspräventionshilfsfreizeitspaßsozialtagungsökologiehaus" zu starten. So ein Vorhaben bietet entsprechend der oben beschriebenen ideellen Grundgedanken zahlreiche und ungeahnte Möglichkeiten – (wie der Pappkarton) der Kommunikation, Tätigkeit, Gestaltung, Veränderung und Selbstverwirklichung für junge Menschen.

Wenn Menschen verschiedenen Alters und verschiedener Herkunft tagsüber gemeinsam Spaß haben und arbeiten und abends am Lagerfeuer frohen Mutes zusammen sitzen, hinterlässt das für alle bleibende Eindrücke. Solche Erlebnisse sind wohl auch für die Sozialpädagogen das einzige Heilmittel gegen Resignation und Sinnkrisen.

ProjektteilnehmerInnen

Aileen Schmidt	geb. 1985	Schülerin
Andreas Haverland	geb. 1984	Azubi zum Koch
Andreas Koj	geb. 1985	Azubi zum Energieelektroniker
Andrino Scharsig	geb. 1983	Azubi zur Fachkraft Gastronomie
Andy Regener	geb. 1983	Azubi zum Elektronikfacharbeiter
Bianca Strehlau	geb. 1986	Schülerin
Cindy Schäfer	geb. 1983	Azubi zur Fachverkäuferin
Daniela Dieckmann	geb. 1980	Einzelhandelskauffrau z. Zt. arbeitssuchend
Franziska Josupeit	geb. 1987	Schülerin
Katharina Krietsch	geb. 1985	Schülerin
Katja Josupeit	geb. 1981	Pharmazeutisch-technische Assistentin Studentin
Kevin Mittag	geb. 1982	Automobilkaufmann
Marian Halfpap	geb. 1980	Einzelhandelskaufmann Student
Matthias Semrau	geb, 1981	Fachoberschüler
Patrick Schmidt	geb.1982	Azubi zum Umwelttechnischen Assistenten
Rayk Schiffke	geb. 1980	Azubi zum Koch
Steve Albrecht	geb. 1982	Freiwilliges Soziales Jahr
Tina Mohrenweiser	geb. 1980	Kommunikationsfachfrau Studentin
Jana Strippentow	geb. 1973	Diplomgrafikdesignerin
Nicole Pamperin	geb. 1971	Diplomsozialpädagogin
Michael Koliska	geb. 1973	Soziologiestudent
Sonja Steinke	geb. 1973	Diplomsozialpädagogin
Peter Tanner	geb. 1954	Philosoph
Liane Kanter	geb. 1963	Diplompädagogin